人力资本
对旅游消费的影响研究

RESEARCH ON THE IMPACT OF HUMAN CAPITAL ON
TOURISM CONSUMPTION

徐紫嫣◎著

经济管理出版社
ECONOMY & MANAGEMENT PUBLISHING HOUSE

图书在版编目（CIP）数据

人力资本对旅游消费的影响研究 / 徐紫嫣著.
北京 ：经济管理出版社，2025. 3. -- ISBN 978-7-5243-
0006-9

Ⅰ．F592.68

中国国家版本馆 CIP 数据核字第 2025HH9231 号

责任编辑：申桂萍
助理编辑：张　艺
责任印制：许　艳
责任校对：陈　颖

出版发行：经济管理出版社
　　　　　（北京市海淀区北蜂窝 8 号中雅大厦 A 座 11 层　100038）
网　　址：www. E-mp. com. cn
电　　话：（010）51915602
印　　刷：北京市海淀区唐家岭福利印刷厂
经　　销：新华书店
开　　本：720mm×1000mm/16
印　　张：11. 75
字　　数：224 千字
版　　次：2025 年 3 月第 1 版　　2025 年 3 月第 1 次印刷
书　　号：ISBN 978-7-5243-0006-9
定　　价：78. 00 元

序　言

　　最近，徐紫嫣博士告诉我，她要出版自己的第一本专著《人力资本对旅游消费的影响研究》。我仔细通读了这部书稿，觉得她做了一个很有意义的研究，兼具学术价值和实践意义。于是，我欣然接受她的邀请，落笔写下如下话语：

　　近年来，旅游业地位在不断提高，旅游几乎成为城乡居民生活的刚需，旅游消费在扩内需、促就业、稳增长和增福祉等方面发挥着重要作用。改革开放40多年来，我国人力资本水平全面提升，居民收入不断增加，消费结构持续优化，旅游需求不断升级，但也面临着旅游消费水平不高、旅游消费供需不匹配、旅游消费结构矛盾凸显等问题，导致旅游业对经济的综合带动效应未能有效发挥。忽略人力资本对旅游的消费性价值，没有充分发挥人力资本对旅游消费的积极作用，是造成这一现象的重要原因。徐紫嫣博士敏锐地发现了这个现象，并决定以此为主线开展深入系统的研究，经过两年多的努力，终于成稿。

　　著名经济学家尹世杰教授在20世纪90年代初就指出要加强人力资本对消费力的研究，并根据邓小平同志提出的"科学技术是第一生产力"的重要论述，提出了"文化教育是第一消费力"的观点。人力资本积累既可以提高旅游者的消费支付能力和消费技术等物质消费力，又可以培育旅游者先进的消费观念和欣赏品位等精神消费力。旅游者消费能力与消费意愿的提高，不仅刺激了旅游消费需求，提升了旅游消费效益，还对旅游消费市场的供给能力与供给质量提出了新的要求。因此，要推动旅游消费水平提升和解决旅游产品供需错位问题，关键在于认知人力资本对旅游的消费性价值，重视人力资本积累对旅游消费能力和消费意愿的积极影响，进而有效发挥人力资本对旅游消费的增量提质作用。

　　旅游消费影响因素有很多，人力资本也是影响旅游消费的一个重要因素，但学术界从人力资本视角研究旅游消费的还不多见，一是源于人们较多地把人力资本与生产能力或效率联系起来，对人力资本的消费属性重视不够，使人力资本与消费关系逐渐疏离。二是因为旅游消费具有鲜明的个性特征，受旅游者非认知能力的影响较大，而非认知能力不易衡量，多数文献仅关注到人力资本的教育属性，很少有从能力视角来探讨人力资本对旅游消费的影响。为了拓展该领域的研究，徐紫嫣的这部著作从理论和实证视角分析人力资本对旅游消费的影响：微观层面探索人力资本促进旅游消费的作用机制，宏观层面阐释人力资本对旅游消费的影响特征。作者还利用微观和宏观数据，采用混合 OLS 模型、Probit 模型、中介效应模型、基于偏最小二乘法的结构方程模型（PLS-SEM）、门槛效应模型和空间杜宾模型（SDM）等多种计量模型对人力资本影响旅游消费的作用机理和影响效应进行深入分析。显然，作者对该领域研究内容与方法进行了拓展，这也是本著作的学术价值所在。

本书的研究，始终坚持以人为本的消费经济思想，丰富了人力资本与旅游消费理论研究体系，就旅游企业针对不同人力资本特征家庭和个人的旅游特点如何开展个性化营销服务、化解旅游市场供需错位问题，有着重要的实践指引价值，做了很多接地气的研究，这种理论紧密联系实践的研究风格很值得推崇。

学术贵在创新。作者研究人力资本与旅游消费问题多年，已有不少阶段性成果。这部著作围绕人力资本与旅游消费这条主线，在借鉴前人研究成果的基础上，也做了不少创新研究。首先，坚持以人为本的消费经济思想，重视人力资本的消费属性，将人力资本看作旅游业的"重要消费力"，深刻阐释了人力资本对旅游的消费性价值。在验证人力资本对旅游消费具有积极作用的基础上，探索人力资本的认知能力与非认知能力对旅游消费行为的影响机理。其次，从个人、家庭、国内和国际层面，结合微观和宏观数据，对旅游消费能力和旅游消费意愿两个作用渠道进行深入挖掘，还对人力资本影响旅游消费水平的特征及效应进行全面分析，建立了由内到外、立体且系统的逻辑分析框架。最后，作者综合运用经济学、社会学和消费心理学等跨学科的研究方法，就人力资本对旅游消费行为的作用机制与影响效应进行实证检验，得出了有政策指引意义的研究结论。

这本书是徐紫嫣博士的第一部学术著作，是她迈入学术生涯的重要一步，希望她继续聚力服务经济和旅游管理等领域的研究工作，紧跟学术前沿，扎根中国实践，秉承理论和实践相结合的治学理念，不断拓展研究视野、挖掘研究深度，推出更多有学理支撑和实践指引的科研成果，在学术研究和政策咨询等方面取得更大成绩。

是为序。

夏杰长

2024 年 5 月 28 日于北京

摘　要

　　旅游消费在扩内需、促就业、稳增长方面发挥着重要作用。旅游业对我国经济社会的综合带动效应未能有效发挥，其原因是复合的，但忽略人力资本对旅游的消费性价值，没有充分发挥人力资本对旅游消费的积极作用，是其中重要原因。人力资本积累对旅游消费的影响是很深刻的，它既可以提高旅游者的消费支付能力和消费技术等物质消费力，也可以培育旅游者先进的消费观念和欣赏品位等精神消费力。当前，旅游消费水平亟待提升，旅游产品供需错位问题也很严重。充分认知人力资本对旅游的消费性价值，重视人力资本积累对旅游消费能力和消费意愿的积极影响，是解决这一难题或困境的重要途径。

　　人力资本对旅游消费的意义不言而喻，但学术界对该领域的研究还处于初级阶段，很少从能力视角来探讨人力资本对旅游消费的影响机理与效应。为了拓展该领域的研究，本书从理论和实证两个方面分析人力资本对旅游消费的影响；从微观层面探索人力资本促进旅游消费的作用机制，从宏观层面阐释人力资本对旅游消费的影响特征。

　　本书利用微观和宏观数据，结合混合 OLS 模型、Probit 模型、中介效应模型、基于偏最小二乘法的结构方程模型（PLS-SEM）、门槛效应模型和空间杜宾模型（SDM）等多种计量模型对人力资本影响旅游消费的影响效应和作用机理进行深入分析，得出如下研究结论：第一，人力资本对提升旅游消费水平具有显著的正向作用。个体、家庭、国内和国际层面的研究都表明，人力资本积累对扩大旅游消费有较显著的促进作用，尤其是人力资本的认知能力和非认知能力对旅游消费决策和旅游消费参与程度影响深刻。第二，人力资本积累会通过增强旅游消费能力进而提升旅游消费水平。认知能力与非认知能力除了可以直接提升旅游产品的感知、辨别和评价等消费能力以外，还可以通过提高家庭的旅游支付能力、消费技术、社交能力和增加休闲时间来提升旅游消费水平。第三，人力资本可以通过增强旅游消费意愿进而影响旅游消费行为。认知能力与非认知能力可以通过旅游态度、主观规范和知觉行为控制来影响旅游消费意愿进而作用于旅游消费行为。第四，人力资本对旅游消费的影响具有空间溢出效应。人力资本水平提高既对本区域旅游消费作用显著，也对其他区域的旅游消费产生空间溢出效应。分地区来看，我国东部和中部地区的直接效应更突出，而西部地区的直接效应和间接效应都显著，这说明西部地区的人力资本水平提高既影响本区域旅游消费，也促进其他区域旅游消费。第五，随着经济发展和国民收入水平的提高，人力资本对旅游消费的促进作用呈现出逐渐递增的非线性特征。异质性分析显示相较于新兴市场国家，经济合作与发展组织（OECD）国家的人力资本对旅游消费的促进作用更强，而新兴市场国家的作用并不显著，这说明经济发展水平会约束人力资本对旅游消费的促进作用。

根据研究结论，本书提出了五点政策建议：高度重视人力资本对旅游的消费性价值；发挥人力资本对居民旅游消费效益的提升作用；以人力资本强化加快西部地区旅游消费提升；根据游客人力资本特征优化产品与营销；提升对国际高人力资本游客的接待能力。

目　录

第一章　绪论 ･･ 1

　　第一节　选题背景与研究意义 ･･････････････････････ 1

　　　　一、选题背景 ･･････････････････････････････････ 1

　　　　二、研究意义 ･･････････････････････････････････ 4

　　第二节　研究内容、研究方法与技术路线 ･･････････ 6

　　　　一、研究内容 ･･････････････････････････････････ 6

　　　　二、研究方法 ･･････････････････････････････････ 8

　　　　三、技术路线 ･･････････････････････････････････ 8

　　第三节　研究创新 ･･････････････････････････････････ 10

第二章　理论基础与文献综述 ･･････････････････････････ 11

　　第一节　概念与理论 ･･････････････････････････････ 11

　　　　一、核心概念 ･････････････････････････････････ 11

　　　　二、理论基础 ･････････････････････････････････ 17

　　第二节　文献综述 ･･････････････････････････････････ 22

　　　　一、人力资本与居民消费 ･････････････････････ 22

　　　　二、人力资本与旅游消费 ･････････････････････ 26

　　　　三、文献评述 ･････････････････････････････････ 29

　　本章小结 ･･ 31

第三章　人力资本与旅游消费：理论分析 ･･････････････ 32

　　第一节　人力资本对旅游消费的影响机理 ･･････････ 32

　　　　一、人力资本影响旅游消费的机理探索 ･･･････ 32

二、旅游消费能力渠道分析 ································· 34

　　三、旅游消费意愿渠道分析 ································· 38

　　四、人力资本对旅游消费的影响效应分析 ··········· 39

第二节　人力资本影响居民旅游消费的理论模型构建 ··· 41

　　一、人力资本促进旅游消费的微观模型构建 ········ 41

　　二、异质性个体进行旅游消费的偏好选择 ··········· 48

　本章小结 ··· 49

第四章　人力资本与旅游消费：发展现状和相关性分析 ··· 51

第一节　人力资本发展现状分析 ····························· 51

　　一、国际人力资本发展现状 ····························· 51

　　二、中国人力资本发展现状 ····························· 53

第二节　旅游消费发展现状分析 ····························· 54

　　一、国际旅游消费发展现状 ····························· 54

　　二、中国旅游消费发展现状 ····························· 56

第三节　人力资本与旅游消费相关性分析 ················· 58

　　一、人力资本与旅游消费散点图和拟合线分析 ····· 59

　　二、灰色关联度分析 ····································· 62

　本章小结 ··· 63

第五章　人力资本对旅游消费能力的影响 ················· 65

第一节　人力资本对家庭旅游消费影响分析 ·············· 65

　　一、研究设计 ··· 65

　　二、实证分析 ··· 71

　　三、内生性分析 ·· 75

　　四、稳健性分析 ·· 77

　　五、异质性分析 ·· 78

第二节　人力资本对旅游消费的机制分析 ················· 81

　　一、支付能力 ··· 81

　　二、消费技术 ··· 85

　　三、休闲时间 ··· 87

　　四、社交能力 ··· 89

本章小结 ··· 91

第六章　人力资本对旅游消费意愿的影响 ·········· 93

第一节　研究假设与理论模型 ···················· 93

一、研究假设 ······································ 93

二、理论模型 ······································ 96

第二节　研究设计与数据分析 ···················· 97

一、研究设计 ······································ 97

二、实证分析 ····································· 101

三、中介作用分析 ································· 108

本章小结 ·· 111

第七章　人力资本对旅游消费水平影响的宏观分析 ······ 113

第一节　人力资本对旅游消费的空间溢出效应 ······ 113

一、研究思路 ····································· 113

二、研究设计 ····································· 116

三、空间计量分析 ································· 118

第二节　人力资本对旅游消费影响的非线性特征 ···· 128

一、研究设计 ····································· 128

一、基准回归 ····································· 131

三、门槛模型设定 ································· 133

四、实证结果分析 ································· 135

本章小结 ·· 140

第八章　研究结论及展望 ·························· 142

第一节　研究结论 ······························ 142

一、人力资本对旅游消费具有显著的正向影响 ······ 143

二、旅游消费能力是人力资本影响旅游消费的作用渠道 ····· 143

三、旅游消费意愿是人力资本影响旅游消费的作用渠道 ····· 143

四、人力资本对旅游消费影响具有空间溢出效应 ····· 144

五、人力资本对旅游消费影响具有非线性特征 ······ 144

第二节　政策建议 ······························ 145

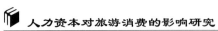
　　一、高度重视人力资本对旅游的消费性价值 ·················· 145

　　二、发挥人力资本对居民旅游消费效益的提升作用 ·········· 147

　　三、以人力资本强化加快西部地区旅游消费提升 ·············· 148

　　四、根据游客人力资本特征优化产品与营销 ·················· 148

　　五、提升对国际高人力资本游客的接待能力 ·················· 150

　第三节　研究局限与展望 ································ 151

　　一、提高非认知能力构建的严谨性和科学性 ·················· 152

　　二、加强人力资本对中国特色旅游消费的影响研究 ·········· 152

　　三、探索人力资本对城乡居民旅游消费差距的影响 ·········· 152

参考文献 ·· 154

附　录 ·· 172

后　记 ·· 177

第一章　绪论

随着居民生活水平提高，人们对美好生活、高品质消费的需求正逐步提升，旅游消费在居民消费中的地位越发重要，已经成为满足人民日益增长物质和精神需求的重要方式。人，既是生产的主体，也是消费的主体。人力资本提高不仅提高了人们的生产能力也提高了消费能力，是生产力和消费力的结合点。长期以来，对于人力资本的研究，主要是从生产视角展开的，而对人力资本的消费性价值的重视不够，旅游者人力资本水平对旅游消费的影响研究更是很少涉足。为此，本书围绕人力资本对旅游消费的作用机理和影响效应这一核心主题进行实证研究。本章作为本书的开篇，将重点对选题背景、研究意义、研究内容、研究方法和研究创新等方面进行全面的阐释，以期对本书具体轮廓进行梳理和展示。

第一节　选题背景与研究意义

一、选题背景

（一）促消费、扩内需是我国"十四五"规划的重要内容

马克思曾指出："没有消费、就没有生产"，"消费的需要决定着生产。"[①] 消费作为最终需求，是一切生产活动的最终目的，也是人们对美好生活向往的直接体现，对经济增长发挥着基础性和主要拉动作用。《中华人民

[①]　中共中央马克思恩格斯列宁斯大林著作编译局. 马克思恩格斯选集：第 2 卷［M］. 北京：人民出版社，1972：94-102.

共和国国民经济和社会发展第十四个五年规划和2035年远景目标纲要》在第四篇阐述了"强大国内市场，构建新发展格局"的战略部署，明确提出将全面促进消费。2021年，我国社会消费品零售总额近44.1万亿元，最终消费支出对经济增长的贡献率达65.4%，其贡献率远超过资本形成和净出口。① 但是，我们必须看到，居民消费倾向不高、消费需求不足、消费率持续走低依然是制约我国经济持续健康发展的一大难题。当下，国际环境不确定性因素依然很多，扩大消费需求是保持经济增长和实现充分就业的重要力量。因此，我们在坚持扩大内需这个战略基点和培育完整内需体系大背景下，力争"十四五"时期在激励旅游消费需求、优化旅游消费结构、提升旅游消费品质方面有全新的突破，充分发挥旅游消费在扩大内需中的重要促进作用。

（二）旅游消费是促消费、扩内需的重要引擎

旅游消费是居民消费的重要组成部分，成为拉动居民消费的新亮点和刺激消费、活跃市场、扩大内需的重要引擎。越来越多国家经验证明了随着收入水平的提高，旅游支出将成为家庭支出的重要部分。2018年美国居民旅游支出占家庭消费支出的比重达到了14%。2020年欧盟国家人均文娱消费占人居消费支出比重约为7%。然而，目前我国居民人均旅游消费支出总额和比重都远低于发达国家。2023年，我国居民人均国内旅游支出占人均消费的3.75%。随着我国经济社会的不断发展和居民收入水平提高，旅游消费支出会不断提升，旅游消费扩张潜力很大。我国政府高度重视旅游业高质量发展和旅游消费问题，为了进一步发挥旅游消费在扩大"最终消费需求"中的重要作用，国家发展改革委发布的《"十四五"扩大内需战略实施方案》中提出了"促进旅游消费提质扩容"的战略构想。在2023年中央经济工作会议中也指出，要"培育壮大新型消费，大力发展数字消费、绿色消费、健康消费，积极培育智能家居、文娱旅游、体育赛事、国货'潮品'等新的消费增长点"。促进旅游消费持续扩大，不但有利于进一步释放消费潜力，满足人民群众日益品质化、多样化、个性化的旅游需求，而且有利于发挥旅游消费对经济增长的拉动作用推动经济实现良性循环。

---

① 贡献率达65.4%——消费重新成为经济增长第一拉动力［N］. 国际商报，2022-01-25.

（三）人力资本的消费属性日益突出

消费需求的发展、消费领域的扩大，取决于人们受教育水平（尹世杰，2002）。个体的消费能力与消费观念决定了其消费支出范围、内容及结构，而文化教育在这里起着关键作用。因此可以说，文化教育是第一消费力（尹世杰，1992），对促进消费能力、形成消费观念和升级消费结构有着决定性作用。改革开放以来，全国人口的整体人力资本水平不断提高，截至 2020 年，我国15 岁及以上人口的文盲率仅为 2.67%。① 而且，从发展趋势来看，我国的人力资本水平仍然保持上升态势。人力资本水平提高不仅提升了生产技术，增强了人们的生产能力，也提升了消费技术，加强了人们的消费能力。旅游者对旅游产品欣赏、鉴别、评价等能力提升后，自然就会提高对旅游产品和服务的要求。总体来看，人力资本水平无时无刻不在影响着人们的消费行为，并对消费市场产生了深刻的影响。一方面，高水平人力资本消费者对消费市场也提出了更高的消费需求，尤其是对旅游这种追求精神满足的享受型消费影响更加显著。另一方面，提高人力资本能够帮助消费者更好地适应和享受现代化的旅游产品。可以说，人力资本的积累提高了居民消费力，带动了消费结构优化和产业结构升级。因此，需要高度重视和充分认知"人力资本"的消费属性，发挥好人力资本的消费性价值，更好地了解消费者消费需求和偏好变化，才能更加有效地发挥消费需求对经济增长和社会发展的推动作用（Cheng，2021）。

（四）人力资本与旅游消费关系研究亟待深入

旅游消费是在人们基本生活需要满足之后而产生的更高层次的消费需要，属于享受型消费。同其他消费一样，旅游消费受旅游者收入水平影响。但因旅游行为与个体人力资本认知能力和非认知能力关系紧密，所以在旅游产品选择上表现出鲜明的个人特点。尤其是随着社会生产力水平提高，旅游从一种奢侈产品转变为一种生活方式，成为大众对其生活态度的表达方式之一。如"说走就走的旅行"中不仅代表着出游本意，更是体现了人们对生活的潇洒态度和对诗与远方的美好寄托。可以说，居民旅游消费在消费总支出中的占比提升和旅游消费偏好的改变，体现了居民旅游消费能力的提升、旅游消费方式的拓宽和旅游消费观念的转变，这都与居民人力资本提升是密不

---

① 国家统计局，国务院第七次全国人口普查领导小组办公室．第七次全国人口普查公报（第六号）——人口受教育情况［EB/OL］．［2021-05-11］．http：//www.gov.cn/xinwen/2021-05/11/content_5605789.htm.

可分的，也再次验证了人力资本是旅游消费的重要消费力这一观点。因此，对消费者的人力资本研究一直都是旅游消费者行为学中重要的部分，但这一重要领域进展比较缓慢。一是因为人力资本与生产关系密切，可以促进经济社会的发展，而通常的消费无须借助于专门的方法和技术，所以人力资本逐渐与消费疏离，即使学术界关于人力资本和消费关系问题的探讨由来已久，但一直未受到重视。这让人们忽视了人力资本对旅游消费的重要作用。二是学者在人力资本对消费行为影响问题的分析多是从家庭整体消费出发，专门针对旅游消费的研究比较少。虽然从现实来看，受教育水平更高的人群往往在享受型和炫耀型的旅游消费中占主体地位，但人力资本对旅游消费影响方面的研究还有待深入。三是因为旅游消费受个体人力资本的非认知能力作用明显，但非认知能力因素不易量化，受限于研究方法和数据的可行性，本议题仍处于初步研究阶段。可以发现，虽然生活中，人们逐渐认识到人力资本是影响旅游者进行旅游选择和参与旅游消费的重要因素，且由于旅游市场忽略个体人力资本水平对旅游消费行为的影响，造成了无法精准满足人们个性化、多元化的旅游需求而导致旅游产品供需错配和结构性失衡，进而拖累旅游消费整体水平不高，但学术界并未对此议题进行全面系统的分析。因此，为了让旅游产业更好地担当起促消费、扩内需、促增长的重任，发挥其应有的作用，应该加强对人力资本影响旅游消费的学术研究，坚持以人为本的消费经济思想，从旅游者消费力视角对旅游消费存在的问题进行解释，深入挖掘人力资本对旅游消费影响的作用机制。

二、研究意义

（一）理论意义

首先，丰富了人力资本与旅游消费理论的研究内容。在有些学者看来，消费是理解旅游经济的钥匙，消费者拥有旅游消费意愿和旅游消费能力，旅游经济才能活跃起来。因此，旅游消费作为旅游学科的重要内容，一直都是旅游研究的热点（戴斌和张杨，2021），而其中旅游消费影响因素又是旅游消费研究中受到诸多学者普遍关注的核心问题之一。通过整理文献可知，关于旅游消费影响因素的研究中以收入、家庭结构、文化等因素为主，而对人力资本因素关注较少。尤其是从人力资本的认知能力与非认知能力角度研究旅游消费问题的文献更少，这说明人力资本对旅游消费影响研究还具有很多探索空间。人力资本的认知能力与非认知能力不仅可以直接提升个体对旅游产品鉴别、欣赏、评价等消费能力，还对旅游消费意愿、收入、资产、休闲时间等方面产生影响，间接影响旅游消费行为。本书综合考虑人力资本对旅游消费的影响路径，不仅分析了人力资本对旅游消费能力的作用，还将认知能力和非认知能力融入旅游消费行为理论模型中，分析人力资本对旅游消费意愿的作用，这样可以更加全面和深刻地分析经济发展过程中人力资本提升对旅游市场带来的整体变化，从多学科角度理解旅游消费能力与旅游消费意愿提升的过程，有利于系统性解释旅游消费效益和消费水平提高等问题。因此，深化人力资本对旅游消费的影响研究，可以更好地挖掘人力资本对旅游的消费性价值，丰富旅游消费的人力资本影响因素的理论内容，拓展人力资本与旅游消费的研究范畴。

其次，从人力资本视角完善了旅游消费理论体系。目前，国内外学者逐渐加强对人力资本与旅游消费的研究并取得了一定的成果，但尚未形成完整的理论体系。纵览文献，大部分文章多关注到教育因素，认为教育水平提高促进收入增加进而提高旅游消费，很少学者将经济因素与心理因素相结合，从人力资本的认知能力和非认知能力出发，将人力资本对旅游消费影响的多种作用渠道进行综合考虑。为了弥补该领域研究的不足，本书不仅从微观视角对人力资本影响旅游消费的作用渠道进行深入挖掘，还从宏观视角对人力资本对旅游消费水平的影响效应进行分析。因此，本书综合考虑经济与非经济作用渠道，并从微观层面到宏观层面开展系统的实证研究，从人力资本视角进一步完善了旅游消费的理论体系。

（二）实践意义

从旅游消费行为角度来说，加深人力资本对旅游消费影响的认识，有利于旅游者通过提高自身认知能力与非认知能力提升消费效益。一是增强自身旅游消费能力。人力资本水平提高不仅可以提高旅游者支付能力、协调休闲时间能力、旅游产品的感知辨别能力、分析评价能力、决策能力、议价能力和维权能力，还可以提高旅游者在旅游消费前期信息收集技能和旅游活动中与同行朋友和旅游地居民的交往能力。二是培养先进的旅游消费理念。认知和非认知能力作用于旅游态度、主观规范和知觉行为控制进而影响旅游消费意愿，提高人力资本水平有利于旅游者平衡旅游消费过程中感性消费和理性消费，提升旅游消费决策过程的科学性和合理性，避免盲目跟风和冲动性购买，优化旅游体验，提升旅游消费效益和旅游体验满意度。

从旅游产业发展和旅游企业营销角度来说，加深人力资本对旅游消费的影响认识，有助于更好地践行"以人为本"的消费理念，推动旅游企业营销个性化与服务柔性化发展。目前我国旅游消费过程中存在很多问题，其中最突出的问题是旅游消费水平不高和旅游产品供需错位。通过对旅游消费者人力资本特征进行分析，可以根据认知能力与非认知能力不同对消费者进行分类，深入挖掘不同类型消费者旅游消费能力和旅游消费意愿，对旅游消费偏好进行归纳总结，并根据旅游消费群体人力资本特征提出针对性的市场营销策略和旅游产业发展路径，为提升我国旅游消费水平和解决旅游消费供需错配问题提供新方法和新思路。

从政策制定角度来看，系统性分析人力资本对旅游消费的影响问题可以为制定我国旅游消费升级和加强国际旅游产品供给力等相关政策提供参考依据。"十四五规划"中强调要"增强消费对经济发展的基础性作用"和"推动农村消费梯次升级"。如何发挥我国人口优势，激发我国旅游消费市场潜力，已成为我国现阶段实现高质量发展的必然要求。国际层面由于国家间居民教育水平、收入水平、经济发展水平等方面的不同，形成了国际旅游消费鸿沟。因此，探索人力资本对国内外旅游消费差距的作用路径和影响效应，可以加强人力资本差距对旅游消费鸿沟影响的认识，从人力资本发展趋势把握和预测旅游消费发展的重点方向，提高我国入境旅游产业国际竞争力，为旅游经济宏观调控提供理论依据。

第二节　研究内容、研究方法与技术路线

一、研究内容

本书的研究内容共分为八章，主要内容和安排如下：

第一章为绪论。作为开篇，该章主要阐述了本书的选题背景、研究意义、研究内容、研究方法和研究创新等，重点对本书具体轮廓进行梳理。

第二章为理论基础与文献综述。该章根据"一般到具体"的逻辑，首先，该章对人力资本和旅游消费的具体概念、特点和测度方式进行总结。其次，寻求与本书研究相关的理论基础，为后文的理论与实证研究奠定理论与方法基础。最后，对人力资本对居民消费和旅游消费影响的相关文献分别进行回顾，逐步探究

人力资本与旅游消费的内在相关性，梳理本书的探索空间。

第三章为人力资本对旅游消费影响的理论分析。该章根据前期文献思路并借鉴已有研究做法对人力资本影响旅游消费议题进行理论分析。一是通过理论分析人力资本影响旅游消费过程中存在旅游消费能力与旅游消费意愿的作用渠道，并阐述人力资本对我国旅游消费水平影响具有空间溢出效应及非线性作用特征。二是借鉴田思琪（2022）的研究思路设定基本的居民消费函数，尝试推导个人人力资本对旅游消费水平影响的理论模型，证明了旅游消费受到人力资本水平影响，且人力资本水平越高，其在消费组合中选择旅游消费的比重越大。

第四章为人力资本与旅游消费的发展现状和相关性分析。该章总结国际层面和国内人力资本与旅游消费发展现状，使用散点图、拟合线和灰色关联度分析方法对旅游消费和人力资本相关性进行检验，证明了人力资本与旅游消费在数量上具有较强关联性，为下文进行理论与实证研究奠定基础。

第五章为人力资本对旅游消费能力的影响分析。为了对旅游消费能力机制进行探讨，该章采用中国家庭追踪调查（CFPS）微观数据库数据，构建了混合OLS模型和Probit模型，证明了人力资本的认知能力与非认知能力对旅游消费参与决策和旅游消费参与程度都具有显著作用，并对人力资本影响旅游消费的异质性、稳健性和内生性等方面进行检验。在机制检验方面，通过建立中介效应模型对旅游消费能力渠道进行实证检验，结果证明人力资本可以通过提高旅游消费能力促进旅游消费，主要表现在旅游支付能力、旅游消费技术、休闲时间和社交能力四个方面。

第六章为人力资本对旅游消费意愿的影响分析。为了对旅游消费意愿渠道进行分析，该章采用问卷数据，建立基于偏最小二乘法的结构方程模型（PLS-SEM），从模型设定上关注旅游者人力资本的异质性，构建认知能力与非认知能力的二阶（反映性—形成性）层级结构，将人力资本的认知能力与非认知能力融入计划行为理论，证明了旅游态度、主观规范、知觉行为控制和旅游消费意愿在人力资本影响旅游消费过程中的多重中介作用。

第七章为人力资本对旅游消费水平影响的宏观分析。为了对人力资本影响旅游消费的空间溢出效应与非线性作用特征进行实证检验，该章使用国家统计局和世界银行等宏观数据，分别采用空间杜宾模型和门槛模型，证明了人力资本对旅游消费影响存在空间溢出效应和非线性作用特征。

第八章为研究结论及展望。该章作为本书的完结篇，主要归纳总结本书研究结论，并以此为基础提出相应的政策建议，再指出本书研究中存在的局限性以及未来研究展望。

二、研究方法

本书首先构建了人力资本对旅游消费影响的基本框架，在对现有文献整理归纳的基础上，采用定性和定量相结合的研究方法进行理论分析和实证检验，具体方法如下：

定性分析方面运用文献分析、经验判断和归纳推理方法。一是在对相关基础理论回顾和对国内外关于人力资本对旅游消费影响相关文献资料详细分析的基础上，梳理了人力资本对居民消费与旅游消费影响的已有文献，掌握了人力资本对旅游消费影响研究领域前沿的研究动态和研究方法。二是通过经验判断和归纳推理法对人力资本影响旅游消费的作用渠道以及对旅游消费影响效应进行理论分析，明晰人力资本与旅游消费之间的作用脉络和研究方法，为本书研究提供坚实的文献和理论基础。

定量分析方面主要运用计量分析法。为了对第三章人力资本对旅游消费的作用机理和影响效应进行实证检验，一方面，本书采用了 CFPS 微观数据库和问卷数据，以人力资本为核心解释变量、以旅游消费为被解释变量，构建了混合 OLS 模型、中介效应模型和 PLS-SEM 模型以检验旅游消费能力与旅游消费意愿作用渠道。另一方面，本书还采用了国家统计局、世界银行和联合国教科文组织统计研究所（UIS）数据，构建了门槛效应模型和空间杜宾模型，分析人力资本对旅游消费的宏观作用，证明了人力资本对旅游消费的影响存在空间溢出效应和非线性作用特征。

三、技术路线

基于上述研究内容，凝练出本书研究思路：文献评述→人力资本对旅游消费影响机理→发展特征→实证检验→结论与展望，并形成本书研究的技术路线如图1-1所示。

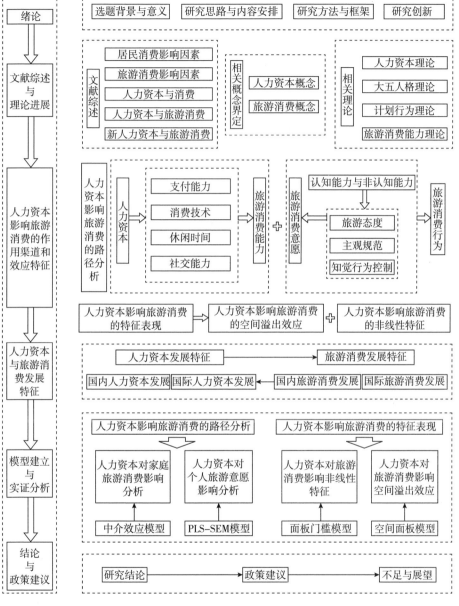

图1-1 本书研究的技术路线

第三节　研究创新

本书在前人研究基础上，做了如下几点创新研究：

第一，在研究观点方面，关注人力资本与旅游消费的内在联系，视人力资本为旅游业的"重要消费力"，深刻阐释了人力资本对旅游的消费性价值，从人力资本视角拓展了旅游消费研究。具体来说，一是关注到人力资本的教育对旅游消费的影响，并对人力资本的认知能力和非认知能力影响旅游消费问题进行理论分析和实证检验。二是将认知能力与非认知能力引入计划行为理论中，从模型设定上关注旅游者人力资本的差异，认为人力资本对旅游消费意愿形成具有促进作用。三是细化非认知能力具体维度对旅游消费的影响，认为严谨性和宜人性对形成具有中国特色旅游消费行为发挥了重要作用。

第二，在研究逻辑方面，本书按照由内到外、由微观到宏观的分析顺序，用发展的眼光考虑人力资本对旅游消费影响问题，不仅从个人、家庭、国内和国际层面，结合微观和宏观数据，对旅游消费能力和旅游消费意愿两个作用渠道进行深入挖掘，还对人力资本影响旅游消费水平的整体作用及表现效应进行全面分析，建立了由内到外、立体且系统的逻辑分析框架。

第三，在研究理论和方法方面，一是由于人力资本可以通过影响经济收入、资产和休闲时间等因素对旅游消费行为产生影响，还可以通过影响旅游消费态度、旅游消费意愿等因素作用于旅游消费行为。因此，根据研究需求，结合了经济学、心理学和社会学等相关理论，进行跨学科分析。二是在人力资本测度方式的选择方面，为了挖掘人力资本与旅游消费的内在联系，本书不仅使用了教育方面的测度方式，还结合大型微观数据和调查问卷数据构建并测度认知能力与非认知能力，以便对旅游消费能力和旅游消费意愿作用渠道进行深入探讨。

第二章　理论基础与文献综述

本章遵循"一般到具体"的分析逻辑，首先，根据本书研究主题对人力资本与旅游消费的核心概念和相关理论进行阐释，为下文机理分析和实证研究提供理论基础。其次，重点总结归纳了人力资本对居民消费和旅游消费影响的相关文献，梳理人力资本与旅游消费的内在关联以及可探索空间。

第一节　概念与理论

一、核心概念

为了准确地认识人力资本和旅游消费概念，选择人力资本和旅游消费两个核心变量合适的测度方式，并为下文的理论分析与实证研究奠定相关理论基础，本节对人力资本和旅游消费的概念、特点和测度方式进行了系统回顾和总结。

（一）人力资本

1. 人力资本概念

亚当·斯密最早在《国富论》中对人力资本的内涵进行了描述，即"社会居民或成员习得的、有用的能力"①。1960 年，美国著名经济学家舒尔茨对人力资本概念有了新的阐释。他认为，人力资本就是凝聚在人们身上的知识、技能及其熟练程度。人们可以通过教育、职业与技能训练、医疗健康服务、劳动迁移和"干中学"等方式获得或积累人力资本。另一位美国著名经济学家贝克尔（1987）将人力资本定义为人力投资形成的资本，他认为人们拥有的才能、技能

---

① 亚当·斯密. 国富论［M］. 唐日松，等译. 北京：华夏出版社，2012：45.

和知识被理所当然看作人力资本，但健康、预期寿命和时间等也是构成人力资本的重要内容，人力资本投资的形式包括教育和培训。OECD 在 2001 年的报告中指出，人力资本是每个人为创造个人、社会和经济福祉所拥有的知识、技能、素质和能力。赫克曼（2000）认为人力资本既包括传统的认知能力，也包括非认知能力。显然，比贝克尔更进一步的是，赫克曼从更为全面、更加系统的视角来分析人力资本，并构建其独特的人力资本理论（杜育红，2020）。

20 世纪 90 年代以来，国内学者在借鉴上述西方学者人力资本理论的基础上，结合中国具体国情展开了比较深入的研究，从不同视角对人力资本的概念和内涵进行界定。比如，李忠民（1999）基于人力资本的特点和效用视角，认为人力资本是凝聚在人的身体且能够"物化"于商品和服务并可以增加其效用或收益的价值。在李红霞等（2002）看来，不能只把人力资本看成人的能力或技能，而应该视人力资本为劳动者"人格化的知识和技术"的综合价值。吴震棚和韩文秀（2004）认为传统的人力资本理论与内涵有明显的缺陷，因为只把人的体能资本和智力资本当作人力资本的主要内容，在他们看来，人力资本还应包括人的声誉或信誉、性格与魅力、社会关系和公共知名度等。俞荣建（2005）认为要把个人禀赋和能动性人格特征纳入人力资本范畴。李晓曼和曾湘泉（2012）认为传统人力资本研究框架主要聚焦于教育投资或教育水平，应该把能力（认知和非认知能力）、技能（教育或在职培训）以及健康（身体健康和心理健康）等要素都考虑进来。周金燕（2015）也提出要不断拓展人力资本的内涵，要重视非认知能力的经济价值和可投资性，充分认识非认知能力对增加人们收入和提高消费能力的积极作用，在人力资本的内涵中要突出非认知能力这个"黑箱"。

目前经济领域对人力资本内涵仍在不断完善，关于人力资本的认知逐渐达成了一定的共识：一是认为人力资本是人的教育水平、能力、健康等因素的综合体；二是认为人力资本除了传统的教育、技能和健康等，还包括价值观、持续工作能力、适应能力、应变能力、创新精神、兴趣性格、人生态度等"人的质量因素"；三是认为对人力资本方面的投资，如教育、技能、健康等培养的投入越多，人力资本水平会越高。

笔者在综合国内外学者阐释的观点基础上，结合本书研究的视角，把人力资本定义为："人力资本是凝结在个人身上的知识和能力。人力资本既包含通过教育投资形成的知识、技能等外在组成，也包括个人禀赋、认知观念、创新精神和社交能力等内在组成。人力资本不仅是一种经济资源，还是一种更为丰富的社会、心理资源，它可以影响个体的经济行为决策。"本书认为，人力资本的主体既属于生产者也属于消费者。个体人力资本水平提高既提高了其生产能力，也增强了其旅游消费意愿、提高了旅游消费能力。这种意愿的增强和能力的提升是多方面的，既包括对旅游产品和服务的支付能力，也包含对旅游产品和服务的多样选择、场景体验和文旅产品的品鉴等能力（资树荣，2014）。

2. 人力资本特点

概括起来，人力资本具有如下几点本质特征：

一是人力资本的生产性和消费性。在经济活动中，作为"生产者"，人们可以通过人力资本积累，增强其生产能力，从而缓解人们获取资源或财富能力的有限与获取资源或财富的欲望的无限之间的矛盾；同时，作为"消费者"，人力资本的提高可以提升自己的消费品质和能力，以缓解人们实际享受资源能力的有限与希望提高享受这些资源能力欲望的无限之间的矛盾。每个人都有成为高效率生产者或高品质消费者的诉求，但要满足这双重诉求，都离不开人力资本的作用。目前学术界侧重研究人力资本对生产的重要性，但如果认为人力资本具有经济属性，那么人力资本的经济价值就不仅包括生产成分还包括消费成分，因此，我们也应该重视人力资本具有的消费属性。

二是人力资本水平兼具质量和数量特征。人力资本水平可以用数量和质量两个维度来衡量，而且有价值与实物两种表现形态。首先，人力资本数量可以表现为在校教育年限、个人教育投资成本、未成年人抚育成本、毕业生预期酬金、工作小时数、工龄年限等以货币或时间为单位的代表变量，这些都属于人力资本"量"的特征。其次，对于不同个体，即便他们投入的学习时间或工作时间相同，但各自获得的知识或技能很可能相去甚远，这体现出人力资本的"质"的差异。

三是人力资本获得渠道的多样性。一方面，教育被看作人力资本获得的最主要渠道，比如，通过学校或培训机构接受教育而获得知识和技能，从而实现人力资本的积累。另一方面，也可以通过父母及其他家庭成员的耳濡目染、参加有关社团活动、社会交往以及自学或"干中学"等渠道获得。

四是人力资本具有空间溢出性和代际传递性。随着劳动力流动尤其是高技能劳动力流动日益频繁，人力资本的空间溢出效应越发凸显，体现在本地区的人力资本不仅对当地经济社会发展具有显著的促进作用，还带动周围区域先进知识和技能的提高，对周围地区的经济行为和社会发展有显著的示范效应。人力资本的传递性主要是指人力资本在不同代际之间的延续或传递。

3. 人力资本测度

人力资本是无形的，所以，人力资本的测度必须依赖各种测算方法间接获得。美国著名经济学家鲍曼在 1968 年的论文《人力资本：概念与测度》中详细探讨了这个问题。目前，国内外学者在研究过程中使用的人力资本测度方法主要有以下五类：

一是成本测算法。成本法是从投资的角度测度人力资本，即把人力资本投资的各类成本合并和加总，以此来衡量人力资本存量。使用成本法的教育经济学者很多，这些学者的计算方法略有差别（Kendrick，1976；焦斌龙和焦志明，2010）。

二是收入测算法。收入法是根据人力资本最终收益进行统计，即用个人预期生命周期终生收入的现值来衡量人力资本水平。在具体的测算过程中，尽管使用收益法的学者所测度人力资本的具体模型有所差别，但大都是基于美国经济学家乔根森和弗劳门尼提出的以估算终生收入为基础的方法（以下简称 J-F 法）来衡量。比如，李海峥等（2010）就采用了 J-F 法估算了 1985~2007 年全国总量人力资本、人均人力资本、不同性别的人力资本以及城镇农村人力资本等。

三是教育指标测算法。该测算方法是以一个教育指标来估算人力资本。这里所说的教育指标通常指毛入学率、成人识字率、劳动人口平均受教育年限、全国人口平均受教育年限等。教育指标法是学者最普遍使用的方法（Barro and Lee，1996；Wang and Yao，2003），但使用受教育年限作为测度人力资本能力的指标也有局限性，因为这种做法假定教育的单位回报率是同质的，而实际上个体差异是较显著的。同样的受教育年限，单位回报率也会不尽相同，有高有低。所以，该指标也有一定的局限性，它不能够完全反映个体能力的差异。

四是综合指标测算法。如果只用教育指标代表人力资本存量，就可能把健康服务、在职培训和"干中学"等形式的人力资本投入忽略了，从而导致人力资本存量的测量出现误差。基于这个因素，有学者构建了较全面体现人力资本能力的综合指数。比如，敬嵩和雷良海（2006）利用联合国开发计划署的人力发展指数（Human Development Index，HDI），用从业人员数量乘以 HDI 指数，以此计算出人力资本存量水平。

五是认知能力和非认知能力的测度。为了深层次刻画人力资本的异质性，经济学、社会学和神经科学学者围绕着人力资本的质（能力）的测量方式进行持续探索。由于涉及个体差异性和衡量标准的差异性，能力的测度长期处于初步探索阶段，并未形成普遍适用、高效全面的测量方法和指标。Heckman（2011）总结传统认知能力的分类，将晶体智力与流体智力整合在一起，并对认知能力做了多维阐释。但也有一些学者用智商作为认知能力的代理变量（Ceci and Williams, 1997）。与认知能力不同，非认知能力并没有统一的结构，它可以从各种角度进行测度，如"大五人格"、控制性、风险偏好等，所以国内外对于非认知能力的测度较为多样化。其中，"大五人格"量表是测度非认知能力比较主流的方式（Seibert and Kraimer, 2001；Nyhus and Pons, 2005；Mueller and Plug, 2006；乐君杰和胡博文，2017；王春超和张承莎，2019；罗双成等，2020）。

50多年来，如何测度人力资本始终是学术界关注的热点议题。随着人们研究的不断加深，人力资本内涵逐渐扩展与深化。人们已经意识到人力资本中非认知能力的存在（Freeman, 1980；Rumberger, 1987），很多学者尝试使用人力资本质量因素作为人力资本代理变量。考虑到本书研究的旅游消费能力与以能力为核心的人力资本更加紧密，为了提高实证严谨性与科学性，本书在对理论分析进行检验时也倾向选择采用认知能力和非认知能力作为人力资本的代理变量。

（二）旅游消费

1. 旅游消费概念

在现有的旅游消费的定义中，主要包含旅游消费的静态定义和动态定义。旅游消费的静态定义侧重旅游消费的目的和结果。比如，林南枝和陶汉军（1994）把旅游消费界定为旅游者在旅行中购买旅游产品及服务的消费行为，包括旅游购物、旅游餐饮、旅游住宿以及旅游交通等多方面的支出。罗明义（1998）认为旅游消费是旅游者在旅行过程中获得的精神和物质总和。谢彦君（2011）认为旅游消费是通过分解旅游者在旅游过程中所购买的物品和服务，最终将旅游消费等价于旅游者对核心旅游产品的消费。王灵恩和成升魁（2013）认为旅游消费是包括旅游过程中产生的一切消费，具体可以划分成为旅游购物、旅游餐饮、旅游活动、旅游住宿以及旅游交通等多方面。

旅游消费的动态定义则侧重旅游消费的全过程，从旅游者旅游前、旅游中和旅游后的表现来分析旅游消费行为。例如，赵建华（2013）认为旅游消费主要是为了满足旅游者享受和发展需求的旅游活动与行为，但其旅游消费层次会因人而异。Zhang 和 Sui（2020）认为旅游消费是根据对社会、文化与幻想等方面做出的行动性回应。白凯（2020）认为旅游消费是综合动态的，从个体微观层面，旅游者的旅游消费活动是短暂的，某个或某些旅游者心理和行为变化会随着旅游消费活动的始终开始和结束；但在从宏观环境层面看，社会经济的发展水平、文化氛围、政策环境等因素也对旅游消费行为的规模、内容和方式等具有决定性影响。宏观和微观层面的影响因素对旅游消费行为形成复杂和综合的影响。

通过概念对比可知，动态旅游消费的内涵比静态内涵要更宽泛。动态的旅游消费是发生在旅游全过程中的各种消费行为的综合，不仅包含在旅游前旅游者进行的购买决策，也包括其在旅游中的购买行为和旅游后的影响结果。

2. 旅游消费特点

从经济影响的视角看，旅游消费的特点可概括如下：

一是旅游消费的综合性和带动性。旅游者消费的旅游产品是通过交通、住宿、餐饮、邮电通信、文物、海关等多个相关部门共同提供的。因此，旅游消费具有综合性特点。这个特点决定了旅游消费活动可以带动相关行业或部门的发展，通过较强的关联性和带动性，促进整个国民经济的发展。

二是旅游消费的服务性和体验性。从消费行为和内容看，服务贯穿于旅游者的旅游全过程和全环节，即从日常居住地出发再回到日常居住地的行为。旅游服务一般以劳务活动的形式存在。旅游消费的服务性一定程度上决定了旅游消费具有体验性，旅游消费体验贯穿于整个旅游活动过程中。

三是旅游消费的时间性与空间性。旅游消费必须以旅游者的休闲时间为条件，旅游者既有收入和休闲时间，又有出游欲望，旅游消费活动才能得以实现。所以，时间性是进行旅游消费的前提和保证。旅游消费的空间性主要表现在消费者的空间位移，从旅游者的常住地移动到旅游产品的所在地。

四是旅游消费的异地性与流动性。丰富的旅游产品是吸引旅游者的关键元素，而旅游产品主要是依托当地的旅游资源开发形成的，一般具有不可转移性。旅游消费的异地性就是旅游者必须离开自己的日常居住地，借助某类交通工具到达旅游产品的所在地实现旅游消费的目的。正是旅游消费的异地性特点，旅游消费不但展现出流动性消费的特点，还体现出沿着旅游线路的散点式消费特征。

五是旅游消费的文化性和示范性。文旅融合发展是大势所趋。旅游消费很大程度上是一种文化消费，拥有一定的文化资本是高品质旅游消费的必备条件。即便在一般的旅游过程中，旅游者也需要对当地的风土人情、文化、经济发展状况有所了解，才能更好地享受旅游的过程。旅游消费代表着一种生活习惯和生活态度，在旅游消费习惯一旦形成之后具有很强的稳定性和不可逆性。旅游者在认识和处理自己的收入、旅游消费时，会不自觉地和其他旅游者比较，以认定自己的所属，这时其他消费者的旅游行为对这个消费者旅游行为形成示范效应。

3. 旅游消费测度

根据定义，旅游消费指旅游者旅行过程中对物质形态和非物质形态旅游产品花费的总费用。因此，可以选择使用旅游过程中旅游者以食、住、行、游、购、娱等方式进行体验所花费的总费用作为旅游消费的测度方式。这也是学者认可度最高、使用最广泛、最易被读者理解和接受的测度方法。在旅游消费的测度方法方面，由于学者观点都保持着相对的统一性，对旅游消费测度问题的拓展性研究较少。在此，本书尝试梳理了四种关于旅游消费的测度方式。

一是旅游者消费总额。这是最常使用的旅游消费测度方式，指一定时期内旅游者在旅游目的地的全部消费支出，包括旅游者在旅游过程中购买的商品和服务的开支，包括食、住、行、娱、购等方面的开销。这个指标有重要的经济含义，因为对于旅游目的国家或地区来说，这一指标反映了该国或该地区的旅游收入，对这些国家和地区而言，可能是其财政收入或居民福利的重要来源。需要说明的是，国际旅游者的消费支出项不包括国际交通费用，但国内旅游者的交通费是计入旅游消费支出项的。

二是旅游者人均消费额。一定时期内旅游总额与旅游人数之比称之为旅游者人均消费额，这一指标体现了客源市场的消费水平，对确定相应的目标市场和合适的营销策略有较重要的参考意义。

三是旅游消费率。这是反映一定时期内一个国家（地区）的出国旅游消费总额与该国（地区）的居民消费总额或国民收入之比率的指标。旅游消费率是从价值角度体现国家（地区）的居民出国旅游消费的强度，一般而言，经济社会发达的国家或地区，旅游消费率比较高，反之则越低。

四是旅游消费综合指标法，为了便于将地区间旅游消费水平进行比较分析，除了直接用地区旅游总花费的方式进行旅游消费的测度，还有学者探索性地对旅游消费的综合指标体系进行构建（刘佳和张洪香，2018），以提高旅游消费潜力测度的精细化、标准化和可比性。综合指标的方法延伸了旅游消费的测度范围，使旅游消费测度更加系统化和精细化，但由于综合指标体系的方法的数据获得性和适用性较差，学者很少把该方法广泛应用于学术研究中。

二、理论基础

（一）人力资本理论

1. 基本观点

从经济思想史演进来看，人力资本理论发展主要经历了三个阶段：第一阶段是古典及新古典政治经济学时期，这个阶段基本处于人力资本思想萌芽期；第二阶段始于 20 世纪 60 年代，这个阶段是现代人力资本理论诞生时期；第三阶段是 21 世纪新人力资本理论初现期。特别值得关注的是，"能力"一直是人力资本理论发展的三个阶段其核心概念，但研究的重点是从"能力"转变为"教育"又回到"能力"的动态演变过程。本部分选择了几个代表性人物的理论进行概括阐释，以准确把握人力资本的理论核心，"能力"与"教育"的发展关系。

亚当·斯密是古典政治经济学的主要代表，他在《国民财富的性质和原因的研究》一书中专门对人力资本进行了分析。在这部经典著作中，他提到的"才能"就是我们今天所说的通过教育、培训等所获得的知识、技能及其熟练度等认知性的"能力"。在第一个阶段，经济学家认识到人力资本中的"能力"，是指劳动者通过接受教育、在职培训等获得的认知能力。在这个阶段，很少有学者关注非认知能力问题。

现代人力资本理论的诞生和发展延续了古典和新古典政治经济学时期的思想。舒尔茨、贝克尔等在"投资—收益"框架下深入研究了人力资本的经济效应。舒尔茨认为可以用凝集在劳动者本身的知识、技能及其所表现出来的劳动能力或素质来衡量人力资本水平。雅各布·明瑟创新性地运用计量和统计方法检验人力资本理论，促进了人力资本理论与实证方法发展，也推动了劳动经济学的快速发展。在这个阶段，学者主要是以接受教育程度测度个体人力资本水平，但忽略了"能力"这个核心因素。不得不说，这是该阶段人力资本理论的一个缺憾。

在第三个阶段，诺贝尔经济学奖获得者赫克曼及其团队对人力资本形成进行了跨学科研究，提出了以"能力"为核心的新人力资本理论，引起学术界普遍关注和应用。赫克曼对人力资本理论的研究与贝克尔类似，但比贝克尔更进一步的是，他建立了从人的生命周期动态分析人力资本投资的理论框架，而且在他看来，非认知能力和认知能力都非常重要，而且非认知能力在生命周期中的延展性很可能比认知能力还要强大，早期教育干预对非认知能力的影响尤为重要。赫克曼把非认知能力纳入人力资本理论研究框架，从而使人力资本理论更加全面系统，研究方法和研究领域都有了很大的拓展。

2. 在本书研究中的应用

总体而言，人力资本概念的核心始终都是能力，但随着对非认知能力测度方法的不断改善和优化，学术界对使用认知能力和非认知能力作为人力资本的代理变量的做法逐渐认可。本书中人力资本对旅游消费影响机理的理论分析和第五章、第六章的实证检验中人力资本核心变量的选择与构建，都是基于人力资本的认知能力和非认知能力理论。因此，本书的机理分析与实证检验均以能力为核心的人力资本理论为基础和依据的。

（二）"大五人格"理论

1. 基本观点

人格心理学家 Allport（1937）认为人们的人格特质是可以通过人们日常生活中所经常使用的一些词汇进行归纳、概括和描述的，而并非完全不可观测的"黑箱"。1942 年，美国心理学家卡特尔总结出 16 项人格因素，形成著名的卡特尔量表。后来学者通过对卡特尔量表进行分析和发展，最后得出五个描述人格的维度，简称"大五人格"（McCrae and John，1992；Goldberg，1992）。这五种人格特质可以概括为：神经质（焦虑、压抑、自我意识、冲动、脆弱）；外向性（热情、社交、果断、冒险、活跃、乐观）；开放性（审美、想象、求异、情感丰富、智能）；宜人性（依从、移情、信任、谦虚、直率、利他）；谨慎性（尽职、成就、金额、自律、胜任、条理）。需要注意的是，"大五人格"在不同领域有着不同的专业名称，由于最早应用于心理学领域，因此，在心理学领域倾向称其为人格特征。而随着"大五人格"逐渐被经济学领域所采用，经济学学者更习惯称其为非认知能力，属于人力资本理论的范畴。在经济领域的消费心理学中，个体的非认知能力因素也对其经济行为产生作用，影响着自我概念、生活方式、态度、兴趣、意见和对产品和服务属性的看法（Lehto et al.，2002）。近十年来，"大五人格"理论取得了令人瞩目的进展，被众多学者称为"人格心理学通用的货币"。旅游领域研究者通过非认知能力的不同维度的表现将旅游者划分为外倾性、内倾型、理智型、情绪性和意志型旅游消费者。

2. 在本书研究中的应用

根据前文总结，人力资本的测度方式有成本法、收入法、教育年限法、综合法等，大多是从人力资本数量层面对其进行测度，但人力资本核心始终都是"能力"，随着非认知能力的测度方法进一步发展，"大五人格"成为本书测度非认知能力的最佳选择。一是因为"大五人格"已经成为非认知能力测度的公认方法并被广泛应用于经济和管理等学科的研究中（Seibert and Kraimer，2001；Nyhus and Pons，2005；Mueller and Plug，2006；乐君杰和胡博文，2017；王春超和张承莎，2019；罗双成等，2020），证明了非认知能力对个体社会经济活动的重要影响。二是因为我国非认知能力的测度研究还处于初级水平，而"大五人格"的五个维度基本可以概括为非认知能力的内容，是目前测度非认知能力的最佳选择。因此，本书选择使用"大五人格"对人力资本的非认知能力进行测度。

（三）计划行为理论

1. 基本观点

计划行为理论（Theory of Planned Behavior，TPB）是由 Ajzen（1991）提出用来解释和预测个人行为决策过程的理论。TPB 包含行为态度、主观规范和知觉行为控制三个要素，主观规范与行为态度是影响行为意向的驱动因素。许多实证研究的结果证明，TPB 是一个将态度、意愿和行为连接起来的理论，具有相当的预测力。TPB 的结构模型如图 2-1 所示。

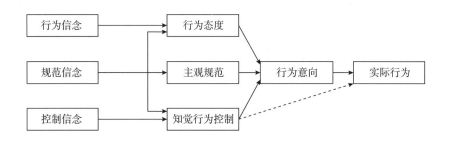

图 2-1 TPB 的结构模型

资料来源：笔者自绘。

2. 在本书研究中的应用

计划行为理论是旅游消费行为研究中经常使用的心理学理论，对旅游消费行为具有较高的解释度。在本书第三章中，根据计划行为理论内容，对人力资本影响旅游消费的旅游消费意愿渠道进行理论分析。在第六章利用调查问卷数据，构建了基于最小二乘法的结构方程模型，将人力资本的认知能力和非认知能力融入计划行为理论，从模型设定上关注到了旅游者人力资本的差异性，对旅游消费意愿渠道进行实证检验。

（四）消费能力理论

1. 基本观点

马克思认为，"消费的能力是消费的条件，因而是消费的首要手段，而这种能力是一种个人才能的发展，一种生产力的发展"。① 著名经济学家尹世杰认为马克思将发展消费力与发展生产力并列，这是对消费力内涵的极好阐释。他主张消费力是指人们为了满足自己消费需要对消费资料（包括劳务）进行消费的能力。他将消费力划为物质消费力和精神消费力。定义物质消费力是人们消费物质消费品的能力，而精神消费力是人们消费精神文化产品的能力（尹世杰，1996）。由于旅游消费既包括物质消费也包括精神消费，因此，消费力提高对旅游消费影响更加突出。

旅游消费能力是旅游者为达到满意和完美的旅游消费效果而培养的一种能力。旅游消费能力的获得可以通过两种途径：一是通过教育培养旅游消费能力。游客可以通过各种教育渠道提高认知能力，从而提高旅游消费者对旅游产品的选择、比较、评价、购买和使用的知识和技能。二是通过个人旅游消费实践积累旅游消费能力。在游客购买旅游产品的体验中，提高了旅游消费者的非认知能力。旅游消费经验越丰富，购买决策过程的严谨性就越强，与商家的谈判能力和水平就越突出，购买行为就越体现理性（张树夫，2004）。旅游消费者的基本消费能力主要包括以下六种：一是旅游消费的支付能力；二是旅游产品的感知和辨别能力；三是旅游产品的分析与评价能力；四是选择和购买旅游产品的决策能力；五是旅游消费的技术能力；六是旅游消费者对消费利益的自我保护能力。

2. 在本书研究中的应用

可以说，消费能力理论是本书研究的核心理论。尹世杰教授的消费力经济学理论中提出"文化教育是第一消费力"②，这一观点是进行人力资本对旅游消费作用研究的重要依据。尤其是以能力为核心的人力资本与旅游消费力有着更加密切又复杂的联系。因此，在本书的第三章，基于消费力理论内容，对旅游消费能力渠道进行理论分析，并在第五章利用 CFPS 微观数据，从旅游消费力的支付能力、消费技术、社交能力等方面对旅游消费能力渠道进行实证检验。

---

① 中共中央马克思恩格斯列宁斯大林著作编译局. 马克思恩格斯全集：第 46 卷下册 ［M］. 北京：人民出版社，1980：225.

② 尹世杰. 消费力经济学 ［M］. 成都：西南财经大学出版社，2010：40.

第二节 文献综述

一、人力资本与居民消费

关于人力资本对居民消费的影响，尹世杰教授（1996）提出了一个很具有启发意义的基本理论框架，并在《21世纪的经济学——研究社会经济文化一体化、以人的发展为中心的科学》一文中对此进行了系统阐述。他认为研究人力资本对提高生产力和经济增长的影响很重要，但也要重视研究人力资本的投资对提高消费力的积极作用。只有这样，才能在直接提高生产力的基础上提升居民消费层次和生活品质，增加消费的文化含量，推动社会全面进步。据此，尹世杰教授提出了"文化教育是第一消费力"[①] 的观点，强调人力资本对消费的重要价值与促进作用。为了全面梳理相关文献，本部分将从人力资本的教育角度和能力角度对居民整体消费水平、作用渠道、消费偏好和消费不平等等方面进行系统回顾。

（一）教育角度

1. 人力资本对消费水平的影响

综观文献，研究中关于人力资本对消费影响的主要观点为：人力资本提升不仅有助于推动生产力提高（Chen and Feng, 2000），对消费也具有显著的促进作用。一是由于教育水平可以帮助消费者了解更多市场信息，扩大消费选择和提高寻找商品信息与购买商品的效率（Wang and Ning, 2016; Petroman et al., 2015）；二是由于教育水平的提高会改变消费者的消费观念（Hartley, 2012）；三是由于教育水平提高可以增加消费者对新思想的接受程度，提高其购买新产品的可能性（Michael, 1975）。Zhang 和 He（2007）认为在市场经济条件下，人既是重要的生产要素，又是消费主体，人力资本水平的提高促进了人们的生产和消费这两个方面。可以说，人力资本对人们的消费水平、消费结构、消费方式和消费观念有很大的影响，随着人力资本水平提升，世界正进入更加重视环境保护、生态平衡、构建和谐社会的新消费阶段。因此，应该加强人力资本对提升消费水平与消费技术、改善消费观念，促进理性消费的重要作用。还有学者认为人力资本

---

① 尹世杰. 消费力经济学［M］. 成都：西南财经大学出版社，2010：40.

水平提升促进了居民消费转型升级，较好地缓解了人口老龄化对消费升级带来的冲击（董译升和甘尔丹，2021；陆惠君，2021；徐紫嫣，2022）。在具体消费群体研究中，Cheng（2021）研究发现，教育程度对消费的积极影响在收入较高的人群中较大，而在女性、人口较多的家庭、有未成年成员的家庭、农村流动人口、个体经营者和年龄超过45岁的人群中较小。Delesalle（2021）利用1974～1978年实施的坦桑尼亚普及初等教育（UPE）计划，研究教育对农村环境中家庭消费的影响。他发现教育显著增加了农村户主的消费预算。黄梦琪和金钟范（2022）的研究结果表明，女性受教育水平的提高能够显著提高家庭消费水平，且女性受教育水平提高对享乐型家庭消费的积极作用更大。当然，也有部分学者通过实证得出了不同的研究结论，如徐全忠和刘娇荣（2021）从教育和健康人力资本的视角展开研究，认为人力资本存量的影响要区别对待，他们认为教育人力资本存量对消费行为是积极的正向影响，但健康人力资本存量对消费行为则有一定的负向影响。

2. 人力资本影响消费的作用渠道

学者们在人力资本影响消费的作用渠道方面也进行了一系列分析，并提出了不同观点。根据凯恩斯的消费理论，消费随着收入增加而增加。很多学者认为人力资本可以通过改变收入水平对消费行为产生影响，这也是本书研究领域最普遍的观点。如Michael（1975）实证发现受教育程度会对居民生产力产生影响，受教育程度间接影响着居民的生产效率，进而影响个体的工资水平，从而改变居民的消费行为。国内学者的研究也表明，人力资本水平和家庭消费行为密切相关，而且人力资本对家庭消费水平具有显著的正向影响，受教育水平较高的家庭因收入提高而增加消费（尚昀和臧旭恒，2016）。还有学者认为人力资本可以通过影响社会融合度增加消费。由于社会网络中的同伴对个体消费具有积极影响，高水平人力资本群体为了维持其社会地位，会通过消费提高其社会融合度（De Giorgi et al.，2020）。所以，社会融合程度高的人群往往消费更高（Bertrand and Morse，2016）。基于此，持该观点的学者认为社会融合度与更高水平的消费相关（Arnal Sarasa et al.，2020），并证明了社会融合度在人力资本对消费影响过程中存在中介作用（Cheng，2021）。还有学者认为人力资本通过改变消费者风险偏好而影响消费水平。Shaw（1996）发现受过更多教育的人更有可能成为风险承担者。Black等（2018）发现，较高的教育水平与较高的风险偏好相关。与风险承受能力较低的人相比，具有较高风险承受能力的个人更有可能花费更多，储蓄更少（Gourinchas and Parker，2002）。肖作平等（2011）通过实证检验证明，人力资本水平较高的群体不仅会偏好高风险项目，而且会降低风险对消费的影响。Mu（2006）研究发现人力资本会提高家庭平稳消费的能力，当家庭成员受教育程度较高时，收入变化对消费的影响较小。除此之外，还有学者从综合角度进行归纳，如周弘（2011）认为人力资本不仅通过提高预期收益来增加消费，更主要是通过改变消费者的客观环境以及主观消费观念等来改变其消费行为，从而促进消费。

3. 人力资本对消费偏好的影响

在消费偏好方面，有学者发现了人力资本对具体消费类型也有不同的作用。Walter 和 McMahon（1982）通过实证分析，发现受教育程度更高的居民更有可能转变消费结构。如 Ren 等（2020）发现教育对吸烟、饮酒和酗酒有显著的负面影响。Aina 和 Sonedda（2018）研究发现，意大利教育改革提升了人力资本的同时也促进了家庭的非耐用产品消费的增加。李军等（2015）也证明了随着消费者受教育年限增加，家庭非基本消费支出占消费总支出的比重更高，消费等级提高。这都说明了人力资本积累不仅提高了消费者的风险承担程度，增强了居民的消费信心，优化了家庭的消费结构，还促进了消费行为的理性化。

4. 人力资本对消费不平等的影响

人力资本对消费不平等的影响也是消费领域的重点研究问题，在这个问题上，主要观点是人力资本的代际传递会扩大消费不平等的问题，且平均受教育程度越高，消费不平等程度就越高（Cheng，2021）。由于人力资本的代际传递主要体现在对子女教育的代际传递上（周世军等，2018），父母的教育水平越高，对子女教育的积极影响就越大（邹薇和马占利，2019）。所以，人力资本的代际传递将造成收入的不平等，进而扩大消费的不平等。刘子兰等（2018）也认为户主人力资本水平的提高可以有效提高家庭消费水平，人力资本对家庭消费的影响具有明显的年龄效应和代际效应。因此，提高贫困家庭的人力资本水平有利于降低消费不平等。曲兆鹏和赵忠（2008）研究发现，城乡人口迁移和农村教育水平的提高对缩小城乡居民消费差距有很大帮助。杨晶和黄云（2019）基于家庭生命周期视角的研究发现，农村家庭的消费不平等更加严重，提高农村家庭的人力资本尤为重要。Anwar（2009）采用了巴基斯坦综合经济调查（PIHS）和社会生活标准调查数据（PSLSM），对巴基斯坦家庭消费不平等情况做了实证研究。其研究发现，造成家庭消费不平等是综合因素的影响结果，但人力资本差距对消费不平等的影响最为显著，在他看来，通过加大人力资本投资来缩小居民消费差距是有效的政策选择。吴卿昊和邓宗兵（2015）进一步研究发现，农村劳动力人力资本提高不仅促进了收入的增加，而且在很大程度上改变了农村居民的消费习惯和观念，进而带动消费水平提高。

（二）能力角度

随着以能力为核心的人力资本理论逐渐成熟，认知能力与非认知能力对消费行为的研究也不断增加，进一步完善了消费能力与消费者类型等消费理论。目前，学术界逐渐认识到认知能力与非认知能力对劳动者收入的积极影响以及认知能力与非认知能力对提高居民收入进而促进消费的客观事实，并对此进行了相关的实证研究。Heckman 等（2006）将能力区分为认知能力和非认知能力。在认知能力方面，Zagorsky（2007）使用智商测试得分（IQ test score）分析智力水平与收入和财富水平的关系，其研究结论显示认知能力水平与收入高度正相关。崔静雯等（2020）利用 2018 年中国家庭追踪调查（CFPS）数据分析认知能力对家庭消费的影响，发现认知能力的提高可以显著正向促进家庭总消费和非耐久消费支出，认知能力的提高对低收入家庭、老年家庭和城市家庭的消费有较大的影响。他们还发现，认知能力可以通过财富和信息渠道促进家庭消费。由于认知能力与教育相似，而非认知能力包含更多人格特质被认为是"黑箱"，因此非认知能力逐渐成为学者关注的重点。Heckman 等（2000）以美国 GED（General Educational Development）参与者为样本，研究证明了非认知能力对个体教育和工资的重要性。黄国英和谢宇（2017）利用 2010 年和 2012 年中国家庭追踪调查（CFPS）的数据，研究认知能力和非认知能力在解释收入中的作用。他们认为非认知能力对劳动者收入差异有显著的解释作用，且这种解释能力独立于认知能力。乐君杰和胡博文（2017）利用 2012 年和 2014 年中国家庭追踪调查（CFPS）数据，基于国际公认的"大五人格"模型，得出了"非认知能力对工资收入的影响并不低于教育水平"的重要结论。其中，情绪稳定性和宜人性对于女性员工收入作用更突出，而责任心对男性员工收入作用更重要。

与教育影响消费不同的是，人力资本的非认知能力的不同维度对消费行为的影响存在更直接的作用，可以更好地解释和理解具体消费现象。Baumgartner（2002）总结归纳了非认知能力与消费行为的相关研究成果，指出从消费意愿、消费导向、消费效用等多角度深入考察非认知能力对消费心理的影响有助于我们更好地理解消费者行为，而且非认知能力的不同会表现出不同的消费行为。Otero-López 和 Pol（2013）的研究使用 NEO-PI-R 检验强迫性购买消费行为和大五因素模型的关系。研究发现，神经质对于自我强迫式购买有促进作用，而严谨性和宜人性则对强迫性购买体现抑制作用。Thompson 和 Prendergast（2015）研究发现神经质和外向性对于冲动式购买具有促进作用，而严谨性则体现出抑制作用。Bosnjak 等（2007）研究发现，神经质、开放性和宜人性对于消费者的网购意愿有显著影响，且情绪对网购意愿的影响也很显著，这说明网购决策在很大程度上可能并不是理性的。

二、人力资本与旅游消费

由前文可知，人力资本对居民消费具有显著的促进作用，尤其是对享受型和非耐用产品消费的影响更突出。在关于旅游消费影响因素的研究中，由于高人力资本水平消费者具有较高的收入，对文化娱乐有更强的消费意愿，因此其对旅游服务方面的需求会不断提升。很多研究结果也证明了教育水平提高对旅游消费有显著的促进作用（Hong et al.，1996；Sun et al.，2015；Zhang and Feng，2018），但由于人力资本对旅游消费研究处于初级阶段，国内外直接研究人力资本对旅游消费影响方面的文献还不是很多。与其他消费类型不同，旅游消费属于享受型消费，在旅游业态选择、旅游决策和旅游消费水平等方面受消费者认知能力与非认知能力的影响更加突出。所以，在人力资本对旅游消费的相关研究中，更多学者选择使用人力资本的认知能力和非认知能力维度对具体旅游消费进行研究。据此，本部分也选择从人力资本的教育、非认知能力和认知能力三个角度阐述人力资本对旅游消费能力、旅游消费观念和消费偏好等方面的影响。

（一）教育角度

一是在旅游消费水平方面，旅游消费作为家庭消费重要的组成部分，同其他消费类型一样，都会受到消费者受教育水平的正向影响。如张超等（2020）分析户主受教育程度对家庭旅游消费的影响。他们认为，户主受教育程度的提高显著增加了家庭旅游消费。与低收入群体相比，高收入群体户主受教育程度的提高会在更大程度上促进旅游消费支出。姜国华（2017）根据影响家庭旅游消费的因素，证明了受教育程度越高，家庭旅游消费越大。他认为，提高国民教育水平，缩小收入差距，可以增加家庭旅游的消费支出，应更加重视不同家庭教育特征采取针对性营销策略，发挥教育因素对旅游消费的积极影响。徐紫嫣（2022）认为人力资本水平提升对国内人均旅游消费增长具有长期推动作用。二是在旅游消费观念方面，许晓红（2004）认为人力资本高的个体，虽然消费时间少，但消费质量较高。人力资本高的消费者更容易接受现代消费政策，对提高居民整体消费率起到示范效应。周弘（2011）认为高学历的消费者更愿意将相当一部分时间和收入花在休闲娱乐方面，实现家庭消费多样化。三是在人力资本对旅游偏好影响方面。Richards（1996）认为教育水平对遗产旅游具有正向作用，随着教育水平提高，欧洲文化旅游需求和遗产景点旅游消费都在迅速增长。Yan 等（2014）指出高学历者更喜欢探究其他地区的新鲜事物，学历水平的提高将增加其出境旅游的动机。胡迎春和李洪娜（2011）以鞍山地区为例，通过对鞍山地区高学历人群、中高收入人群、低收入人群和无收入人群的抽样调查，发现高学历人群更注重景区的自然风光、知名度和文化底蕴，对服务质量要求更高。

（二）非认知能力角度

由于旅游消费属于不完全理性消费，受到消费者非认知能力特征的影响明显，而非认知能力与旅游消费动机、意愿和旅游偏好方面存在紧密联系，形成个体旅游消费行为的不同风格。

一是具有不同非认知能力的旅游者对风险感知和距离感知不同。Hoxter 和 Lester（1988）研究发现，非认知能力与旅游者风险感知相关。而且，对于女性来说，近中心主义者（不爱冒险）比异中心主义者更少神经质。Talwar 等（2022）认为虽然旅游业受到新冠疫情大流行的严重影响，但不同非认知能力个体对新冠疫情流行期间和之后的旅行意愿也不同。他们利用人工神经网络（ANN）方法分析了来自日本居住者的 500 份数据。他们的研究证明了在新冠疫情大流行期间，外向性对旅行意愿的相对影响最强，而开放性对大流行后的旅行意愿影响最大。胡华等（2009）研究了旅游者风险感知，他们发现，旅游者感知风险的存在可能会使旅游者推迟甚至取消旅游产品的购买。由于旅游者非认知能力和自身风险偏好的差异，旅游者对旅游购物的风险感知也有所不同。在旅游者对距离感知研究中，周芳如等（2016）认为感知距离对旅游者的目的地选择行为具有重要影响，他们证明了在同等实际距离水平下非认知能力方面是影响感知距离的显著因素，外向性非认知能力强的旅游者的感知距离比性格内向的旅游者的感知距离近。

二是非认知能力对旅游消费类型选择也具有显著作用。Sertkan 等（2019）认为旅游目的地与旅游行为模式选择与旅游者非认知能力相关。Mehme-toglu（2012）考察了非认知能力对体验式消费的影响。他认为开放性对于文化娱乐消费、极限运动消费以及自然活动消费（登山、狩猎）都有显著的促进作用，神经质对于自然活动消费具有正向作用，而严谨性对于极限运动消费有显著的负向影响。开放性似乎是与大多数体验活动偏好相关的非认知能力。Abbate 和 Di-Nuovo（2013）调查游客选择前往胜地的原因，探索非认知能力与宗教旅行动机之间的关系。他们让 679 名前往默主哥耶的意大利旅行者完成旅行动机量表和"大五人格"问卷。多元回归分析表明，男性和女性的非认知能力对旅游动机因素预测不同。Tran 等（2015）的研究解释了客户的非认知能力对不同类型娱乐活动的影响，采用"大五人格"特征、行为与娱乐分类简表，对 2014 年访问越南岘港的国内外游客进行了相关实证分析。研究结果表明，外向性与社交互动相关，开放性与进行冒险活动密切相关。Kim 等（2018）检验了访客的非认知能力对展览依恋、满意度和重访意图的影响。他们证明了依恋与满意度、依恋与重游意愿、满意度与重游意愿之间的关系显著。Kvasova（2015）确定非认知能力与游客环保主义之间的关系。他们认为随和性、尽责性、外向性和神经质与环保游客行为呈正相关。除了具体旅游消费类型选择，还有学者证明了非认知能力与旅游好奇心和游客互联网搜索行为也具有相关性（Jani，2014）。有意思的是，很多学者对不同旅游业态爱好者的非认知能力也进行了归类。如余志远（2012）从旅游行为、旅游动机、工作休闲、人口学特征和旅游态度等方面描述出国内背包客的非认知能力，他认为背包客是一群好奇心强、思想自由、富有冒险精神且善于思考的人。陈嘉伦（2014）分析了高尔夫旅游消费者的非认知能力，他认为高尔夫项目要求参与者具有一定的自我挑战能力和社交能力。陈新颖和彭杰伟（2017）以南宁市周边森林旅游圈为例，发现森林旅游的主力军大多数具有较高的文化水平和自我提升的动机。

（三）认知能力角度

相比非认知能力，认知能力受教育影响程度更高。很多学者认为认知能力与教育内涵相近，在很多研究中使用教育水平代表个体认知能力水平。具体而言，认知学习能力指的是人类通过洞察力学习的独特能力（Hergenhahn and Olson，1999），是消费者将他们的全部精神注意力集中到某一特定活动上的学习能力（Anderson，2000）。杜炜（2009）认为旅游知识包括旅游资源知识和旅游产品品牌知识等。旅游消费者的知识面越广，掌握的信息越多，对相关知识的理解越深，就越有可能在旅游活动中获得更多的精神享受。认知是否正确，是否存在偏见或误解，直接决定个人态度的倾向或方向。因此，保持公正准确的旅游认知是正确旅游态度的前提。

还有学者将旅游者认知能力与非认知能力进行综合考虑，认为消费者认知能力与非认知能力相互作用也是促进旅游消费专业化的重要原因（Chai，2012）。根据 Witt 的消费者专业化理论，消费者专业化是认知和非认知学习过程动态互动的结果：一方面，根据非认知能力对消费的作用规律，消费者会逐渐形成对一系列事物和活动的好恶态度，这种对产品喜欢和不喜欢态度可以引导消费者的购买倾向（Skinner，1965）。另一方面，认知能力可能导致消费者改变具体消费行为的方式。非认知能力与认知能力影响相互强化，导致消费者喜欢和购买的产品不断更新（Witt，2001）。因此，Chai（2012）认为旅游者认知学习模式与非认知学习动态相互作用，促进旅游者进行专业化消费，这种专业化过程从根本上影响了消费者习惯于新奇事物的速度，让灵活的专业消费者在实惠但不符合偏好和昂贵但符合偏好的选择上进行权衡，促进消费者更倾向于创新性地修改消费活动的各个方面。但由于人们通过对认知能力获取消费技术存在一种"理性偏见"，对消费技术的轻视导致消费者会因为学习生产知识而"挤出"消费技术和知识，并逐渐停止学习消费知识形成消费习惯（Aufhauser and Scitovsky，1976）。可以发现，这种由消费者认知能力和非认知能力相互作用导致的旅游者专业化逐渐出现在现实旅游消费活动中，通过加深人力资本对旅游消费的影响研究，也可以更好地解释旅游消费者不断走向专业化和职业化的发展现状和发展前景。

三、文献评述

通过对文献整理和归纳，我们可以发现，人力资本对消费影响研究的议题受到越来越多学者的关注并已经取得了一定成果，很多学者发表了富有洞见的观点和分析，这为本书进一步探索奠定了坚实的理论基础和经验支撑。归纳人力资本影响居民消费和旅游消费的文献，可以总结为以下几点：一是国内外学术界基本达成一致的结论是人力资本提升对居民消费有着显著的正向影响，作为居民消费的重要组成，人力资本对旅游消费也存在显著的促进作用；二是人力资本对居民消费影响的文献研究范围更加全面和系统，不仅包含了人力资本对整体消费水平的作用，还包括对消费偏好、作用渠道和消费的不平等等方面的分析，而人力资本对旅游消费的研究中，更多的是对旅游消费水平的整体影响和消费偏好的研究；三是作为享受型消费，旅游消费还体现出鲜明的个人特色，与个体人力资本水平关系更加密切。人们逐渐认识到，人力资本水平的非认知能力的提高也可以促进包括旅游消费在内的整体家庭消费水平。因此，在旅游消费问题上，学者更倾向从人力资本的认知能力和非认知能力角度进行深入研究。

但是，整体而言，与人力资本对居民消费的影响研究不同步的是，学术界在人力资本对旅游消费影响这个领域的探讨还比较少，其理论探索总体处于起步阶段。本书认为关于人力资本对旅游消费影响的研究议题，还可以从以下几个方面进行拓展：

（一）系统分析人力资本对旅游消费的影响

国外学者在人力资本影响消费方面的研究发现，人力资本提升对奢侈品等非耐久性消费具有显著正向作用，而对必需品消费具有负向影响。中国学者也在此方面进行了一定的研究并得到了相似的结论，但这些研究中关注到旅游消费的文献非常有限。虽然少数学者证明了人力资本对旅游消费存在积极作用，并从教育、认知能力和非认知能力方面对人力资本影响旅游消费问题进行了一定数量的探讨，整体上形成了"人力资本对旅游消费具有促进作用，人力资本促进旅游消费者专业化"的一致观点，但相比其他消费因素的研究来说，在人力资本与旅游消费关系方面的研究内容和研究范围比较分散。更可惜的是，由于很少有研究将人力资本的认知能力与非认知能力对旅游消费的影响进行全面和系统的分析，造成人力资本对旅游消费影响的议题还未形成统一完整的研究体系框架，需要更多学者深入挖掘人力资本与消费能力、旅游消费意愿等方面的内在关联，进一步将认知能力和非认知能力对旅游消费的影响进行综合化、立体化分析，推动该研究领域逐渐形成完整系统的研究体系。

（二）加深人力资本对旅游消费影响机理分析

目前，关于人力资本对旅游消费影响的作用渠道的研究还不足。虽然很多研究已经证明了人力资本水平的提高对旅游消费产生了显著影响，但多数只集中在收入单一渠道，少有文献针对旅游意愿和旅游行为形成过程中的内容进行理论挖掘。为了加深人力资本对旅游消费影响的机理分析，学者可以根据人力资本对居民消费的研究经验对其他路径进行实证检验。随着人们对认知能力与非认知能力的关注提升，关于认知能力与非认知能力对旅游消费影响的研究也不断增加，但国内学者对认知能力和非认知能力对消费影响的作用渠道分析还比较少，尤其是利用微观数据将认知能力与非认知能力对消费作用渠道研究的文献还不够充足。而且，关于认知能力或非认知能力对旅游消费的影响研究，多以定性分析或采用收集问卷数据为主。因此，在今后的研究中，选择数据时可以充分利用国内权威微观数据库，提高严谨性和科学性。

（三）探索人力资本对旅游消费的宏观影响

根据人力资本对旅游消费宏观影响的研究可以发现，多数学者关注人力资本对旅游消费整体水平的影响方面，很少对人力资本影响旅游消费的作用特征进行分析，这样简单的促进或阻碍的结论不利于人们充分认识人力资本影响旅游消费的宏观作用。而且，在人力资本对旅游消费的宏观研究中，多数学者只从国内省市层面出发，对国际人力资本对旅游消费的探索非常有限，这也不利于学者根据国内和国际人力资本与旅游消费发展情况提出更加具体且实际的政策建议。因此，随着我国入境游客的不断增加，如何根据人力资本对旅游消费影响的作用特征，针对国际游客需求更好地提供旅游服务需要，从而提高我国旅游供给能力的现实问题，值得我们进一步深入研究与分析。

本章小结

本章对人力资本影响旅游消费的相关文献进行回顾和总结，然后对人力资本与旅游消费的核心概念和本书的理论基础进行详细阐释，得出了以下几点重要结论：

第一，从概念上看，本书人力资本属于广义人力资本范畴，既包括传统概念中的教育水平和技能，还包括认知能力与非认知能力，体现出人力资本数量属性和质量属性，既可以选择教育代理变量，通过收入法、成本法、教育指标等方式测度，也可以选择认知能力和非认知能力代理变量，通过"大五人格"量表进行测度。旅游消费概念在本书研究中属于动态性概念，对旅游消费行为的探讨不仅局限于旅游消费的总费用，还包括对旅游消费前期决策行为的分析。

第二，从理论基础来讲，本章一共梳理了包含以能力为核心的人力资本理论、"大五人格"理论、计划行为理论和消费力理论四个重要理论，这四个理论分别从不同角度论证了本选题的科学性，不仅为本书理论分析奠定了理论基础，也为其他实证检验章节的变量选择和构建提供了理论依据。

第三，从文献综述部分来看，可以判断出人力资本对消费影响的研究议题受到越来越多学者的关注并已经取得了一定成果，很多学者发表了富有洞见的观点和分析，这为本书研究的进一步探索奠定了坚实的理论基础和经验支撑。但这一领域的研究仍处于初级阶段，可以从以下几个方面进行探索：一是系统分析人力资本对旅游消费的影响。目前，人力资本对旅游消费的研究内容比较分散，还未形成统一完整的研究体系框架，可以对此研究缺口进行探索性研究。二是加强人力资本对旅游消费影响机理的分析。国内学者对认知能力和非认知能力对旅游消费影响的作用渠道分析还比较少，尤其是利用微观数据将认知能力与非认知能力与旅游消费进行实证研究的文献还不够充足。因此，加强人力资本对旅游消费影响机理研究是充分认识和进一步深化本书研究议题的关键。三是探索人力资本对旅游消费的宏观影响。由于学者更多关注人力资本对旅游消费整体水平的影响，少有对人力资本影响旅游消费作用特征的具体分析，本书认为只有充分认识人力资本影响旅游消费的宏观作用特征才能提出更加具体有效的政策建议。

第三章 人力资本与旅游消费：
理论分析

第二章对相关文献、核心概念和理论进行了梳理，本章重点分析人力资本对旅游消费影响的作用机理。第一节主要是从理论层面，对人力资本影响旅游消费的作用机理进行全面分析，对旅游消费能力与旅游消费意愿作用渠道进行阐述，并从宏观层面对人力资本影响旅游消费水平的作用特征进行分析，构建了比较系统和全面的理论框架。第二节尝试构建人力资本影响旅游消费的数理模型，证明了人力资本水平对个体旅游消费存在正向作用。第三节对本章内容进行简单总结。

第一节 人力资本对旅游消费的影响机理

综观文献，无论是微观还是宏观层面，很多学者都已证明了人力资本对旅游消费具有显著的促进作用（李进军和孙月，2020；李军等，2015），但聚焦人力资本对旅游消费的影响机理与作用特征方面的研究还不够全面系统。基于相关理论和已有文献，本节将从理论角度阐述人力资本对旅游消费的影响机理。

一、人力资本影响旅游消费的机理探索

在微观层面，一是人力资本对旅游消费具有显著的直接作用。高水平人力资本旅游者受教育程度高，知识储备更多，往往具有较高水平的理解和判断能力。因此，人力资本水平可以直接影响旅游者对旅游产品的感知、辨别、选择和购买决策能力。而且，人力资本水平提高还会增加旅游者的精神消费能力。已有研究都证明了文化相关的消费与消费者的审美情趣和精神品位相关（毛中根和孙豪，

2016)，人力资本提高对文化产品消费具有显著的促进作用（顾江和刘柏阳，2022；资树荣，2018）。在文旅融合发展的过程中，历史文化遗址、自然景观和博物馆旅游等旅游业态对消费者提出更高的精神消费力要求，而高人力资本水平消费者通常具有良好的历史文化基础，且对社会、自然和历史具有更强的探索精神与学习欲望，所以，高人力资本可以为旅游者提供文化消费所需的品位、鉴赏等精神消费能力，让旅游者在文化旅游消费过程中获得更多的精神满足与愉悦，促进旅游者进行高层次、高雅的文化旅游消费。二是人力资本可以间接影响旅游消费行为。简单来说，人力资本可以通过改变消费者旅游消费能力和旅游消费意愿这两个作用渠道进而影响旅游消费行为。从宏观层面，人力资本水平提高带动旅游消费能力的增加，旅游消费需求和消费能力的变化将倒逼旅游消费市场提高旅游产品的供给水平，这也推动着旅游消费水平的不断提升并表现出空间溢出和非线性作用特征（见图3-1）。鉴于此，本书构建了人力资本影响旅游消费的机理与效应的理论逻辑框架，为后续实证分析提供理论依据。其中，有关人力资本影响旅游消费能力、旅游消费意愿和整体旅游消费水平的理论探源，将在下文展开详细论述。

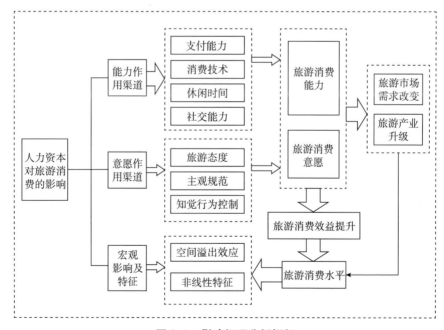

图 3-1　影响机理分析框架

资料来源：笔者自绘。

二、旅游消费能力渠道分析

旅游消费是物质消费与精神消费的统一。因此，旅游消费能力可以分为物质消费能力和精神消费能力（尹世杰，2010）。随着社会经济的发展，旅游产品和服务多样化往往使消费活动变得复杂化，这需要消费者具有更高的旅游消费能力，旅游消费者的压力也越来越大（Earl，2006）。人力资本积累不仅可以提高旅游者对旅游产品的鉴别能力、评价能力和维权能力，还可以通过提高旅游消费支付能力、消费技术、休闲时间和社交能力促进旅游消费行为的顺利进行。因此，人力资本较高的消费者更愿意参与旅游活动并通过灵活地调整消费活动以匹配其不同喜好（Becker，1996；Chai，2012），提高其旅游消费效益。下面，本章将从旅游消费能力的支付能力、消费技术、休闲时间和社交能力四个方面进行详细阐述。

（一）人力资本通过改变支付能力影响旅游消费

首先，人力资本可以通过改变居民收入水平影响旅游消费。经验表明，人力资本对居民收入具有重要的正向作用。在人力资本对家庭旅游消费影响研究中，收入渠道已经得到多次理论论证与实证检验。一方面，受教育程度提高可以增加家庭收入。一是在科技高速发展的现代社会，人才对企业和社会发展的重要性越来越突出，高水平教育的群体更有机会选择经济回报较高的工作岗位和经济发达的城市工作，教育可以通过影响职业选择影响个人收入（杜育红和孙志军，2003），多名学者也对此观点进行了实证检验，证明了教育对家庭收入具有显著的正向作用（岳昌君，2004；孙志军和杜育红，2004）。二是技能提升可以促进收入的提高。劳动力市场的供需变动改变了劳资分配格局，高技能人才拥有更强的工资薪酬谈判能力，很有可能取得更高更灵活的工资薪酬。三是认知能力与非认知能力对个体收入也产生重要影响。根据现代化理论（Modernization Theory）的框架[①]，能力处于社会分层的核心地位。个体认知能力和非认知能力对个人的职业发展和经济生活影响不断加深。文献研究也证明了认知能力与非认知能力对劳动者的工资收入具有显著的促进作用，甚至重要性不亚于传统人力资本关注的受教育年限（黄国英和谢宇，2017；乐君杰和胡博文，2017）。另一方面，收入的增加对扩大旅游消费有显著的作用。一是因为旅游消费作为家庭消费

---

① 该理论的基本观点是，随着工业化进程的发展，自致性的因素将取代先赋性的因素成为现代社会的地位分层机制，换句话说，现代社会的地位获得依靠的是个体的能力和竞争，而不是社会经济背景。

的重要组成部分，必然随着收入水平提高而发生变化。依据凯恩斯的消费理论，收入被看作影响消费最主要的因素。这一理论对旅游消费也同样适用，国内外学者普遍认为收入是影响居民旅游需求的主导因素（Hong et al.，1996；Zheng and Zhang，2013；Yang et al.，2014；王明康和刘彦平，2021）。二是从时间机会成本角度来看，高收入个人由于其时间机会成本高，倾向选择降低使用自己的时间，而在市场上购买服务（使用别人的时间）。购买旅游服务可以为高收入消费者节约一定时间成本。在劳动力市场上，低技能劳动力相对于高技能劳动力，更多受雇于时间密集型服务领域（徐紫嫣，2023）。因此，高收入个体更愿意购买旅游服务产品，尤其是在数字经济快速发展的条件下，平台为高收入消费者提供了更多的旅游服务产品，进一步提升了旅游消费的效率与便利度。

其次，人力资本通过改变资产选择影响旅游消费。家庭资产是家庭财富水平的象征，家庭资产的增加可以增强居民旅游消费信心，对旅游消费产生财富效应，进而提升旅游消费水平。一方面，人力资本提升会影响家庭投资选择。一是受教育程度对居民理性买房行为具有显著促进作用（张务伟和张可成，2017；杨小忠和罗乐，2021）。同时，受教育程度较高的消费者的金融投资也较高，可以承担更多的金融风险。二是非认知能力中的严谨性和宜人性会显著增加家庭资产，已有学者证明了超过90%的中国城镇家庭带有遗产动机，出于对子女的关爱和对未来的规划，具有严谨性和宜人性的家长会通过购买房产以保障子女未来获得足够的资金（侯雷等，2021）。这表明非认知能力对家庭资产选择具有重要作用。另一方面，还要高度重视家庭资产对旅游消费的影响。经验表明，家庭物质资本提升对家庭旅游消费也具有正向影响。张传勇和王丰龙（2017）采用2012年中国家庭追踪调查（CFPS）数据进行实证分析后发现，住房财富增加显著提升了家庭的旅游消费支出，住房财富对家庭旅游消费的影响主要表现为财富效应，而抵押负债效应（房奴效应）并不显著。除了房产，汽车也是家庭重要的物质资产组成。杨晶等（2017）构建了关于西部农村居民旅游消费意愿影响因素的 Logistic 回归模型。他们认为在影响西部农村居民旅游消费意愿的因素中，购买汽车是最重要的，其重要性甚至超过了居民人均收入这个指标。除了固定资产的投资对旅游消费产生重要影响，人均金融资产持有量也是居民考虑是否进行旅游消费的重要因素（陈灿平等，2011）。

（二）人力资本通过提高消费技术影响旅游消费

旅游消费技术是旅游消费能力中的重要组成部分，指旅游通过什么样的消费工具与消费资料的结合来满足旅游消费需求（张学敏和何西宁，2006）。旅游业作为使用网络广告和采用电子商务技术的早期先驱之一（Beutel 等，2011），深刻受到数字技术影响。尤其是线上旅游平台的出现大幅度提高了旅游产品的智能化和便利度，改变了旅游消费方式。互联网的使用情况代表着旅游消费技术的水平，而使用消费技术的前提是成为智能化的人（尹世杰，2010）。因此，人力资本可以通过提高互联网使用影响旅游消费。一方面，人力资本提升会影响家庭互联网使用水平。一是互联网的普及与受教育程度密切相关。互联网作为获取知识的重要渠道，人们受教育程度越高，对互联网的使用就越频繁（Golder 和 Macy，2014）。二是由于受教育程度更高的群体职业选择和生活方式更现代化，他们的信息收集和获取的需求和能力都比受教育程度较低的群体更高，也愿意购买相关网络服务（李志兰，2019）。因此，他们对互联网的使用需求更多，甚至成为其工作和生活必不可少的一部分。三是一般受教育程度较高的群体收入水平也较高，他们更倾向省时高效的方式收集信息和支付费用，互联网为消费者提供了便捷的搜索和支付方式，为消费者节省了时间提高了效率。另一方面，互联网使用会影响家庭旅游消费。互联网技术通过促进旅游产品创新、旅游渠道创新和旅游服务创新改变了旅游消费方式和消费环境，对旅游消费结构具有重要的影响（Schiopu et al.，2016）。一是互联网使用可促进旅游者旅游态度积极化。互联网为旅游经营者提供了最高效的宣传途径，旅游者可以通过网络方便地了解旅游产品的具体信息，无须出门就可以对多种旅游产品进行比较和挑选，提高了潜在旅游者的旅游意愿和旅游信心。二是互联网使用可提高旅游者消费行为便利度，移动支付改变了旅游者消费方式。在线旅游代理商（Online Travel Agency，OTA）的快速发展使得旅游者购买机票、预订酒店和购买景区门票等消费行为变得十分方便快捷，旅游景区讲解、排队等服务也可以借助互联网实现自助式服务，既提高了景区便利度也为旅游者提供了更为多样化、个性化的体验空间。罗蓉等（2020）研究了互联网使用对家庭旅游消费的影响，他们认为使用互联网的家庭比不使用互联网的家庭的旅游消费高出 2.86%。互联网的使用提高旅游消费技术，不仅改善了旅游者信息获取渠道，促进了消费多样化需求与旅游企业供给的高效匹配，还提供了更加便捷的支付方式，加速了旅游者消费决策的过程。

（三）人力资本通过调节休闲时间影响旅游消费

旅游消费具有生产和服务同时性、时间和空间一致性的特点，进行旅游活动最主要的因素一是有钱，二是有闲。在当下快节奏的生活中，休闲时间甚至比收入对旅游消费的影响更大，高人力资本个体拥有更高的收入和现代化生活方式，协调休闲和工作时间的能力更强，可以通过调整休闲时间影响旅游消费。一方面，人力资本水平影响着个体休闲时间。一是从客观现实看，我国居民休闲时间主要与休假政策相关，主要由双休日、黄金周和带薪假期三个部分构成（程遂营，2006）。二是随着社会经济的发展和教育水平的提高，居民的休闲观念也发生了巨大的变化，对休闲时间的重视程度不断提高，从主动减少休闲时间以增加劳动收入到增加休闲时间，更加关注家庭生活品质和自身心情愉悦。随着人力资本水平提升，居民更倾向积极地利用长假期安排有关增进健康的活动或亲子活动等，让自己和家庭成员的生活更健康、更幸福。另一方面，个人休闲时间影响着旅游消费。在经济高质量发展阶段，我国居民收入水平得到了大幅度提高，休闲时间成为制约旅游消费行为的重要因素。人们休闲观念的改变，直接增加了用于休闲旅游的时间，为居民进行旅游消费提供了必要的前提条件。另外，旅游消费是个人休闲时间配置的重要选择。除了旅游活动，居民可以利用休闲时间进行探亲访友、聚餐娱乐和居家休息等活动，但在个性化体验、身心愉悦和审美需求等方面，旅游活动具有显著的优势，增加旅游活动更有利于提高人们的生活品质。所以，旅游活动成为居民休闲活动的重要选择。同时，旅游消费方式也随着人们的休闲时间不断更新，过去旅游需要长期休闲时间作为保障，但随着休闲时间的日常化和碎片化，旅游类型也得到了丰富，旅游受休闲时间的限制不断降低，微度假和微旅行已融入人们日常生活，成为人们进行日常休闲的重要选择。

（四）人力资本通过提高社交能力影响旅游消费

人力资本积累过程中，尤其是非认知能力水平的改变，直接关系着个体社交能力的变化。重视社会关系与社会交往是中国的重要传统，这使社交能力在经济社会活动中起到重要作用（周广肃等，2014）。社交能力强的个体通常具有更加丰富的社会关系，其消费行为会受到群体成员的影响。所以，人力资本水平的提升可以通过改变社会关系作用旅游消费。一方面，人力资本提升可以影响个体和家庭的社会关系。一是受教育水平高的个体间通过知识、技能和经验的交流，可以增强彼此间的信任感和合作意愿，有机会融入更高层次社会群体。二是利他性和宜人性等非认知能力较强的个体在社交活动中更多表现出良好的亲和力和社交能力，有助于加固社会群体关系（Schwartz and Ben David，1976）。另一方面，社会关系的改变会影响旅游消费。一是社会关系丰富的群体更容易参与旅游活动。旅游消费是适合群体共同参与的享受型消费，人们会为了融入社会群体和增进社会关系而参与旅游活动。在马克斯·韦伯的社会分层理论中，他认为应该用生活方式和消费方式而不是经济地位来区分不同地位的社会群体。同样，西美尔将时尚纳入理性解读的范畴，将时尚视作一种符号，认为消费是社会群体追求时尚的需要。凡勃伦认为，炫耀性消费或浪费是社会成员显示和维持其社会关系的必要手段。比如，一个原本不愿外出旅游的人，为了融入自己所在的社会群体，在朋友的怂恿下可能会改变主意而外出旅游。而且，为了获取和维持社会关系，在旅游过程中人们更会表现出助人行为和更高的积极性与奉献精神，以回馈他人的帮助和维护社会网络的存续（李秋成和周玲强，2015）。二是拥有更高社交能力与丰富社会关系的旅游者更可能与旅游地居民、旅游游伴或旅游公司有积极的沟通、协调与配合，并获得良好的旅游体验。三是根据相对收入假说，人的消费会受到周围人消费习惯的影响，关系越丰富这种示范效应和攀比效应会更强，所以，由社会关系带来的示范效应和攀比效应会促进人们旅游消费的增加（陈凯和刘银，2021）。

三、旅游消费意愿渠道分析

除了旅游消费能力，人力资本对旅游消费影响的渠道还包括旅游消费意愿。旅游消费行为属于不完全理性行为（郭亚军，2010），旅游者在形成旅游消费需求、动机和旅游消费意愿过程中都受到个体认知能力和非认知能力的影响，体现出旅游者的个性、品位和生活方式。因此，在构建旅游消费行为理论模型时应关注到人力资本的作用。

结合计划行为理论研究，可以发现旅游者的认知能力和非认知能力可以通过旅游态度、主观规范和知觉行为控制三个方面促进旅游消费意愿形成进而推动旅游消费行为产生。第一，认知能力和非认知能力对旅游消费态度有着重要影响。旅游态度是指对某一旅游吸引物的认知、评价及出游意向（白凯和马耀峰，2007）。当旅游者产生旅游需求后，旅游者的认知和非认知能力水平影响着其接收旅游信息的内容和获取方式，各种信息通过个人认知能力和非认知能力的相互作用形成旅游态度并体现出旅游者对旅游目的地的选择和具体行动方案实施的不同偏好（Pearce，1988）。第二，从旅游者在做出旅游决策之前对他人观点的参考程度来看，认知和非认知能力对旅游主观规范有着重要影响。主观规范是指个人对于是否采取某项特定行为所感受到的社会压力。旅游者作为社会成员必然会受到社会环境和他人观点的影响。Tajfe（1978）认为群体间主观规范也是造成冲突的重要原因。旅游消费作为享受型消费，必然会受到来自亲戚、朋友和同事的外部规范和来自家庭成员的内部规范的影响。个人认知能力越强，越能够提高对旅游产品信息的掌握程度，越容易坚定自己的观点。在个人非认知能力方面，不同水平的开放性和宜人性影响着顺从他人意见的程度。

因此，不同水平的认知能力与非认知能力形成主观规范对其旅游意愿的影响程度也不同。第三，个体认知和非认知能力对旅游知觉行为控制也产生着重要的影响。知觉行为控制是影响旅游消费的心理因素（余凤龙等，2019），体现在消费者判断进行旅游消费的难易程度上。旅游消费者的认知能力和非认知能力越强，拥有的信息量越大，对相关知识理解得越深，面对问题时情绪越稳定，就越有可能减少旅游消费过程的障碍，促使旅游者期待在旅游活动中获得更多的精神享受。当旅游态度、主观规范和知觉行为控制形成旅游消费意愿达到一定强度时，就会推动旅游消费行为的发生。因此，认知能力与非认知能力通过旅游态度、主观规范、知觉行为控制促进旅游消费意愿形成并影响着旅游消费行为。

四、人力资本对旅游消费的影响效应分析

（一）人力资本对旅游消费的空间溢出效应

以往文献主要是从生产角度对人力资本的空间溢出效应进行研究，其实在旅游消费方面，由于人力资本的空间流动性特点，人力资本的空间溢出效应同样存在重要影响，一区域人力资本提高对其他区域旅游消费也具有带动作用。在区域一体化发展的过程中，区域经济之间的空间依赖性客观存在，因此要考虑到人力资本的空间溢出效应。人力资本对旅游消费的空间溢出效应体现在本地区人力资本的提高不仅促进了本地区旅游消费的增加还带动周围地区的旅游消费。一是由于人口具有流动性，尤其是在当今高铁、飞机等现代交通影响下，各类要素可以打破时间和空间限制，在区域间实现自由流动，推动全时空人力资本变化（Romer，1986）。二是为了推动区域经济协调一体化发展，区域间合作不断深入，人力资本作为知识和技术进步的载体，在创业机会多、生活品质高的地区更容易形成人才集聚，生活工作空间的更加集聚和相互交流学习的日益频繁，助推了区域间人力资本的融合提升（王春杨等，2020；Fassio et al.，2019）。人际交流和社交活动促进新知识和新理念在不同的主体间相互碰撞，推动区域间旅游消费能力和消费观念的融合进步，有利于旅游消费时尚形成区域化发展。因此，人力资本提升不仅对本地的旅游消费具有积极作用，还能对周围地区起到重要的消费示范作用并形成旅游消费时尚，进而带动其他区域旅游消费水平提升和旅游消费结构优化。

（二）人力资本对旅游消费的非线性作用

人力资本对旅游消费的作用存在非线性特征。一是在人力资本水平发展的不

同阶段，人力资本对旅游消费影响并非持续线性。人力资本不同水平对应着不同的收入水平、职业选择和生活方式。由于收入和休闲时间具有替代关系（陆铭，2002），低水平的人力资本居民通常面临着更大的生活压力，即使休闲时间较多，也可能会牺牲休闲时间投入工作，减少旅游消费。而高水平人力资本的居民，一般具有较稳定的生活环境、拥有较高水平的收入和更高的精神需求，其先进的生活方式和消费观念对其进行旅游选择的影响较强。所以，人力资本水平越高，其对旅游消费的促进作用可能更强，并呈现出非线性的特征。二是人力资本对旅游消费的影响受居民收入水平的影响。旅游消费属于享受型消费，相比刚性消费，旅游消费具有较高的收入弹性，收入增加一个单位时，旅游产品需求增加会大于一个单位。因此，当消费者收入达到一定水平，其人力资本对旅游消费水平的提高作用也并非线性增长。三是人力资本对旅游消费的影响受经济发展水平的影响。经济发展水平与人力资本和旅游消费都密切相关。在不同经济发展水平下，消费者进行旅游消费的社会环境和经济条件也不同。经济发达地区的交通、医疗、通信等设施更加完备，更加注重对文化和精神的追求，良好的经济发展为消费者进行旅游消费提供了便利条件。而经济欠发达地区，由于物质基础薄弱制约着基础设施的建设，居民生活便利度较低，降低旅游消费信心，人力资本对旅游消费的促进作用逐渐弱化，因此，随着经济水平的发展，人力资本对旅游消费的影响也并不是固定不变的。

综上，人力资本对旅游消费水平的影响可以从宏观和微观两个视角进行阐述。在微观层面，人力资本水平通过增强旅游者的旅游消费能力和旅游消费意愿，从而提升其旅游消费水平和优化旅游消费结构，提高旅游消费效益。在宏观层面，消费者整体人力资本水平的提高也会引致旅游消费市场需求和供给的变化，人力资本对旅游消费的影响具有空间溢出性和非线性特征。居民旅游消费能力和消费意愿的提高必然对旅游产品的品质提出更高要求，新的消费观念也会促进新兴旅游技术和旅游业态的发展，而社会整体人力资本的提高带来的消费能力和消费观念的改变将倒逼旅游产业不断改进和优化，推动旅游市场的供需平衡，提高整体旅游消费水平。

第二节 人力资本影响居民旅游消费的理论模型构建

一、人力资本促进旅游消费的微观模型构建

为了探究人力资本对居民旅游消费的影响机制，我们尝试推导个人人力资本对居民旅游消费水平影响的理论模型。为此，我们借鉴田思琪（2022）的研究思路设定基本的居民消费函数：

假定个体以追求效用函数最大化为原则进行旅游消费，则 T 时期的个体旅游消费总效用函数为：

$$\text{Max} E_t \sum_{\eta=t}^{T-t-1} \rho^{\eta-t} u_{i,\eta} \tag{3-1}$$

其中，ρ 为时间贴现率。我们令 $0<\rho<1$，意味着越晚获得效用，其值越低。$u_{i,\eta}$ 表征个体 i 在 η 时期的效用函数。因为消费者存在跨期消费行为，因此个体在当期的旅游消费行为会受到过去消费水平的影响。故而，个体 i 在 η 时期的旅游消费行为与过去的旅游消费水平有关。另外，基于前文的文献分析，我们可知个体 i 在 η 时期的旅游消费行为受到人力资本水平的影响较大，则 $u_{i,\eta}$ 可表示为：

$$u_{i,\eta}=u(c_{i,\eta}-\gamma d_{i,\eta}+\alpha h_{i,\eta}) \tag{3-2}$$

$$d_{i,\eta}=d_{i,\eta-1}+\varphi(c_{i,\eta-1}-d_{i,\eta-1}) \tag{3-3}$$

其中，$c_{i,\eta}$ 表示个体 i 在 η 时期的旅游消费水平，$d_{i,\eta}$ 表示个体 i 在 η 时期的旅游消费习惯存量，其系数 γ 表示个体旅游消费的习惯系数，系数越大，意味着个体旅游消费受前期的旅游消费水平影响越大。便于分析，我们令 $\varphi=1$。$h_{i,\eta}$ 表示个体人力资本的旅游消费倾向，括号内各项（除 η 时期外）表示影响旅游消费水平的各种人力资本因素，如受教育程度、认知能力、性格特征以及非认知能力等因素。因此，本书将 $h_{i,\eta}$ 定义为：

$$h_{i,\eta}=h(\eta,education_i\cdots) \tag{3-4}$$

式（3-4）中，$education_i$ 代表 η 时期个体的受教育水平，随着受教育水平的提高，旅游消费水平单项增加，因此有 $h_{i,\eta+1}-h_{i,\eta}=z_{i,\eta}$。根据泰勒级数展开：

$$\Delta h_{i,\eta} \approx K_1\Delta education_i+\cdots \tag{3-5}$$

根据泰勒级数展开公式求解系数，将式（3-5）重新定义为：

$$z_{i,\eta} = K_1' education_{i,\eta} + K_2' personality_{i,\eta} + \cdots \tag{3-6}$$

为此，$z_{i,\eta}$ 可以表示为人力资本认知能力和非认知能力因素统计量的线性组合。

消费者会根据自身条件和偏好来进行合理的消费行为，以达到自身效用的最大化。为了降低消费者面临着收入与旅游消费的不确定性带来的风险，我们采用田思琪（2022）的研究思路，采用风险规避型（CARA）效用函数为瞬时效用函数：

$$u_{i,\eta} = -\frac{1}{\theta}\exp\left[-\theta(c_{i,\eta} - \gamma d_{i,\eta} + \alpha h_{i,\eta})\right] \tag{3-7}$$

其中，θ 为绝对风险厌恶系数。旅游消费面临收入不确定性的预算约束问题，因此本书旅游消费的预算约束为：

$$a_{i,\eta+1} = (1+r)a_{i,\eta} + y_{i,\eta} - c_{i,\eta} \tag{3-8}$$

式（3-8）中，$a_{i,\eta}$ 表示个体 i 在 η 时期所拥有的物质财富，r 为当期实际利率水平，$y_{i,\eta}$ 表示个体 i 在 η 时期的旅游预算水平。根据惯例，本书将 $y_{i,\eta}$ 设定为一个随机游走变量，则：

$$y_{i,\eta+1} = y_{i,\eta} + \varepsilon_{i,\eta+1} \tag{3-9}$$

其中，$\varepsilon_{i,\eta+1}$ 服从 $N(0, \delta_{i,y}^2)$，表示个体在当期旅游水平的变化波动情况。为此，在式（3-8）和式（3-9）的约束下，可以将个体的旅游消费效用函数最大化的求解公式转化为：

$$\text{Max}_{c_{i,t}, c_{i,t+1}, c_{i,t+T-1}} \left(u_{i,\eta} + E_t \sum_{\eta=t}^{T-t-1} \rho^{\eta-t} u_{i,\eta}\right) \tag{3-10}$$

$$\text{s.t} \quad a_{i,\eta+1} = (1+r)a_{i,\eta} + y_{i,\eta} - c_{i,\eta} \tag{3-11}$$

$$y_{i,\eta+1} = y_{i,\eta} + \varepsilon_{i,\eta+1} \tag{3-12}$$

$$c_{i,\eta} \geq 0 \tag{3-13}$$

个体在当期进行旅游消费时需要考虑个体当期的财富水平 $a_{i,\eta}$、个体当期旅游预算水平 $y_{i,\eta}$、上期的旅游消费情况 $c_{i,\eta-1}$ 以及人力资本 $h_{i,\eta}$。因此，个体当期旅游消费 $c_{i,\eta}$ 是个体当期财富水平、个体当期旅游预算水平、上期的消费水平以及个体目前的人力资本因素的函数，从而将最优化问题的价值函数定义为 $v_{i,\eta} = v(a_{i,\eta}, y_{i,\eta}, c_{i,\eta-1}, h_{i,\eta})$。考虑到效用函数为 CARA 效用函数，因此假设价值函数为指数型：

$$v_{i,\eta} = \tau_0 \exp(\tau_1 a_{i,\eta} + \tau_2 y_{i,\eta} + \tau_3 c_{i,\eta-1} + \tau_4 h_{i,\eta} + \tau_5) \tag{3-14}$$

式（3-14）满足贝尔曼方程：

$$\nu_{i,t} = \max_{c_{i,t}} (u_{i,t} + \rho E_t \nu_{i,t+1}) \tag{3-15}$$

将式（3-7）与式（3-14）代入式（3-15），得：

$$\nu_{i,t} = \max_{c_{i,t}} \left(-\frac{1}{\theta} \exp[-\theta(c_{i,t} - \gamma d_{i,t} + \alpha h_{i,t})] + \rho E_t \tau_0 \exp(\tau_1 a_{i,t+1} + \tau_2 y_{i,t+1} + \tau_3 c_{i,t} + \tau_4 h_{i,t+1} + \tau_5) \right) \tag{3-16}$$

由式（3-3）知当 $\varphi = 1$ 时，

$$d_{i,\eta} = c_{i,\eta-1} \tag{3-17}$$

将式（3-17）代入式（3-16），得：

$$\nu_{i,t} = \max_{c_{i,t}} \left(-\frac{1}{\theta} \exp[-\theta(c_{i,t} - \gamma c_{i,t-1} + \alpha h_{i,t})] + \rho E_t \tau_0 \exp(\tau_1 a_{i,t+1} + \tau_2 y_{i,t+1} + \tau_3 c_{i,t} + \tau_4 h_{i,t+1} + \tau_5) \right) \tag{3-18}$$

即

$$\nu_t = \max_{c_{i,t}} \left(-\frac{1}{\theta} \exp[-\theta(c_{i,t} - \gamma c_{i,t-1} + \alpha h_{i,t})] + \rho E_t \tau_0 \exp(\tau_1 a_{i,t+1} + \tau_2 y_{i,t+1} + \tau_3 c_{i,t} + \tau_4 h_{i,t+1} + \tau_5) \right) \tag{3-19}$$

根据式（3-8）对式（3-19）关于 $c_{i,t}$ 求一阶导数，可得一阶条件：

$$\exp[-\theta(c_{i,t} - \gamma c_{i,t-1} + \alpha h_{i,t})] + \rho E_t \tau_0 \exp(\tau_1 a_{i,t+1} + \tau_2 y_{i,t+1} + \tau_3 c_{i,t} + \tau_4 h_{i,t+1} + \tau_5) \left(\tau_1 \frac{\partial a_{i,t+1}}{\partial c_{i,t}} + \tau_3 \right)$$

$$= \exp[-\theta(c_{i,t} - \gamma c_{i,t-1} + \alpha h_{i,t})] + \rho E_t \tau_0 \exp(\tau_1 a_{i,t+1} + \tau_2 y_{i,t+1} + \tau_3 c_{i,t} + \tau_4 h_{i,t+1} + \tau_5)(\tau_3 - \tau_1)$$

$$= 0$$

即

$$\exp[-\theta(c_{i,t} - \gamma c_{i,t-1} + \alpha h_{i,t})]$$
$$= -\rho E_t \tau_0 \exp(\tau_1 a_{i,t+1} + \tau_2 y_{i,t+1} + \tau_3 c_{i,t} + \tau_4 h_{i,t+1} + \tau_5)(\tau_3 - \tau_1)$$
$$= \rho E_t \tau_0 (\tau_1 - \tau_3) \exp(\tau_1[(1+r)a_{i,t} + y_{i,t} - c_{i,t}] + \tau_2(y_{i,t} + \varepsilon_{i,t+1}) + \tau_3 c_{i,t} + \tau_4(h_{i,t} + z_{i,t}) + \tau_5)$$
$$= \rho E_t \tau_0 (\tau_1 - \tau_3) \exp[\tau_1(1+r)a_{i,t} + (\tau_1 + \tau_2)y_{i,t} + \tau_5 + (\tau_3 - \tau_1)c_{i,t} + \tau_4(h_{i,t} + z_{i,t}) + \tau_2 \varepsilon_{i,t+1}]$$
$$= \rho E_t \tau_0 (\tau_1 - \tau_3) \exp\left[\tau_1(1+r)a_{i,t} + (\tau_1 + \tau_2)y_{i,t} + \tau_5 + (\tau_3 - \tau_1)c_{i,t} + \tau_4(h_{i,t} + z_{i,t}) + \frac{\tau_2^2 \delta_{i,y}^2}{2}\right] \tag{3-20}$$

对式（3-20）两边取对数：

$$-\theta(c_{i,t} - \gamma c_{i,t-1} + \alpha h_{i,t}) = \ln \rho E_t \tau_0 (\tau_1 - \tau_3) + \begin{bmatrix} \tau_1(1+r)a_{i,t} + (\tau_1 + \tau_2)y_{i,t} + \tau_5 + \\ (\tau_3 - \tau_1)c_{i,t} + \tau_4(h_{i,t} + z_{i,t}) + \frac{\tau_2^2 \delta_{i,y}^2}{2} \end{bmatrix}$$

当 $\gamma=1$ 时，得：

$$-\theta(c_{i,t}-c_{i,t-1}+\alpha h_{i,t})=\ln\rho E_t\tau_0(\tau_1-\tau_3)+\begin{bmatrix}\tau_1(1+r)a_{i,t}+(\tau_1+\tau_2)y_{i,t}+\tau_5+\\[2mm](\tau_3-\tau_1)c_{i,t}+\tau_4(h_{i,t}+z_{i,t})+\dfrac{\tau_2^2\delta_{i,y}^2}{2}\end{bmatrix}$$

$$(3-21)$$

整理式（3-21）可得：

$$(\tau_1-\tau_3-\theta)c_{i,t}=\ln\rho E_t\tau_0(\tau_1-\tau_3)+\begin{bmatrix}\tau_1(1+r)a_{i,t}+(\tau_1+\tau_2)y_{i,t}+(\tau_4+\theta\alpha)h_{i,t}-\\[2mm]\theta c_{i,t-1}+\tau_5+\tau_4 z_{i,t}+\dfrac{\tau_2^2\delta_{i,y}^2}{2}\end{bmatrix}$$

由此得跨期最优化策略：

$$c_{i,t}=\frac{1}{\tau_1-\tau_3-\theta}\left(\ln\rho E_t\tau_0(\tau_1-\tau_3)+\begin{bmatrix}\tau_1(1+r)a_{i,t}+(\tau_1+\tau_2)y_{i,t}+(\tau_4+\theta\alpha)h_{i,t}-\\[2mm]\theta c_{i,t-1}+\tau_5+\tau_4 z_{i,t}+\dfrac{\tau_2^2\delta_{i,y}^2}{2}\end{bmatrix}\right)$$

$$=\frac{\tau_1(1+r)}{\tau_1-\tau_3-\theta}a_{i,t}+\frac{\tau_1+\tau_2}{\tau_1-\tau_3-\theta}y_{i,t}+\frac{\tau_4+\theta\alpha}{\tau_1-\tau_3-\theta}h_{i,t}-\frac{\theta}{\tau_1-\tau_3-\theta}c_{i,t-1}+\frac{1}{\tau_1-\tau_3-\theta}$$
$$\left[\ln\rho E_t\tau_0(\tau_1-\tau_3)+\tau_5+\tau_4 z_{i,t}+\frac{\tau_2^2\delta_{i,y}^2}{2}\right]$$

$$=\frac{\tau_1(1+r)}{\tau_1-\tau_3-\theta}a_{i,t}+\frac{\tau_1+\tau_2}{\tau_1-\tau_3-\theta}y_{i,t}+\frac{\tau_4+\theta\alpha}{\tau_1-\tau_3-\theta}h_{i,t}-\frac{\theta\gamma}{\tau_1-\tau_3-\theta}c_{i,t-1}+\frac{1}{\tau_1-\tau_3-\theta}$$
$$\left[\ln\rho E_t\tau_0(\tau_1-\tau_3)+\tau_5+\tau_4 z_{i,t}+\frac{\tau_2^2\delta_{i,y}^2}{2}\right]$$

$$=\frac{\tau_1(1+r)}{\tau_1-\tau_3-\theta}a_{i,t}+\frac{\tau_1+\tau_2}{\tau_1-\tau_3-\theta}y_{i,t}+\frac{\tau_4+\theta\alpha}{\tau_1-\tau_3-\theta}h_{i,t}-\frac{\theta\gamma}{\tau_1-\tau_3-\theta}c_{i,t-1}+\frac{1}{\tau_1-\tau_3-\theta}$$
$$\left[\ln\rho\tau_0(\tau_1-\tau_3)+\tau_5+\tau_4 z_{i,t}+\frac{\tau_2^2\delta_{i,y}^2}{2}\right]$$

$$(3-22)$$

为了求解 $\tau_j(j=0,1,2,\cdots,5)$ 的待定系数，将式（3-14）与式（3-22）代入式（3-19），得到：

$$-\frac{1}{\theta}\exp\left[-\theta(c_{i,t}-\gamma c_{i,t-1}+\alpha h_{i,t})\right]$$

$$=-\frac{1}{\theta}\exp\left(-\theta\left(\begin{array}{c}\dfrac{\tau_1(1+r)}{\tau_1-\tau_3-\theta}a_{i,t}+\dfrac{\tau_1+\tau_2}{\tau_1-\tau_3-\theta}y_{i,t}+\dfrac{\tau_4+\theta\alpha}{\tau_1-\tau_3-\theta}h_{i,t}-\dfrac{\theta\gamma}{\tau_1-\tau_3-\theta}c_{i,t-1}+\\[3mm]\dfrac{1}{\tau_1-\tau_3-\theta}\left[\ln\rho\tau_0(\tau_1-\tau_3)+\tau_5+\tau_4z_{i,t}+\dfrac{\tau_2^2\delta_{i,y}^2}{2}\right]\end{array}\right)+\theta\gamma c_{i,t-1}-\theta\alpha h_{i,t}\right)$$

$$=-\frac{1}{\theta}\exp\left(\begin{array}{c}\dfrac{-\theta\tau_1(1+r)}{\tau_1-\tau_3-\theta}a_{i,t}+\dfrac{-\theta(\tau_1+\tau_2)}{\tau_1-\tau_3-\theta}y_{i,t}+\dfrac{-\theta[\tau_4+\alpha(\tau_1-\tau_3)]}{\tau_1-\tau_3-\theta}h_{i,t}+\\[3mm]\dfrac{\theta\gamma(\tau_1-\tau_3)}{\tau_1-\tau_3-\theta}c_{i,t-1}-\dfrac{\theta}{\tau_1-\tau_3-\theta}\left[\ln\rho\tau_0(\tau_1-\tau_3)+\tau_5+\tau_4z_{i,t}+\dfrac{\tau_2^2\delta_{i,y}^2}{2}\right]\end{array}\right)$$

$$(3-23)$$

$$\rho E_t\tau_0\exp(\tau_1a_{i,t+1}+\tau_2y_{i,t+1}+\tau_3c_{i,t}+\tau_4h_{i,t+1}+\tau_5)$$

$$=\rho E_t\tau_0\exp(\tau_1[(1+r)a_{i,t}+y_{i,t}-c_{i,t}]+\tau_2(y_{i,t}+\varepsilon_{i,t+1})+\tau_3c_{i,t}+\tau_4(h_{i,t}+z_{i,t})+\tau_5)$$

$$=\rho E_t\tau_0\exp[\tau_1(1+r)a_{i,t}+(\tau_1+\tau_2)y_{i,t}+(\tau_3-\tau_1)c_{i,t}+\tau_4h_{i,t}+\tau_4z_{i,t}+\tau_5+\tau_2\varepsilon_{i,t+1}]$$

$$=\rho E_t\tau_0\exp\left[\begin{array}{c}\tau_1(1+r)a_{i,t}+(\tau_1+\tau_2)y_{i,t}+\tau_4h_{i,t}+\tau_4z_{i,t}+\tau_5+\tau_2\varepsilon_{i,t+1}+\\[3mm](\tau_3-\tau_1)\left(\begin{array}{c}\dfrac{\tau_1(1+r)}{\tau_1-\tau_3-\theta}a_{i,t}+\dfrac{\tau_1+\tau_2}{\tau_1-\tau_3-\theta}y_{i,t}+\dfrac{\tau_4+\theta\alpha}{\tau_1-\tau_3-\theta}h_{i,t}-\dfrac{\theta\gamma}{\tau_1-\tau_3-\theta}c_{i,t-1}+\\[3mm]\dfrac{1}{\tau_1-\tau_3-\theta}\left[\ln\rho\tau_0(\tau_1-\tau_3)+\tau_5+\tau_4z_{i,t}+\dfrac{\tau_2^2\delta_{i,y}^2}{2}\right]\end{array}\right)\end{array}\right]$$

$$=\rho E_t\tau_0\exp\left(\begin{array}{c}\dfrac{-\theta\tau_1(1+r)}{\tau_1-\tau_3-\theta}a_{i,t}+\dfrac{-\theta(\tau_1+\tau_2)}{\tau_1-\tau_3-\theta}y_{i,t}-\dfrac{\theta[\tau_4+\alpha(\tau_1-\tau_3)]}{\tau_1-\tau_3-\theta}h_{i,t}+\dfrac{\theta\gamma(\tau_1-\tau_3)}{\tau_1-\tau_3-\theta}c_{i,t-1}-\\[3mm]\dfrac{\theta}{\tau_1-\tau_3-\theta}\left(\tau_4z_{i,t}+\tau_5+\dfrac{\tau_2^2\delta_{i,y}^2}{2}\right)+\dfrac{\tau_3-\tau_1}{\tau_1-\tau_3-\theta}\ln\rho\tau_0(\tau_1-\tau_3)\end{array}\right)$$

$$=\rho E_t\tau_0\exp\left(\begin{array}{c}\dfrac{-\theta\tau_1(1+r)}{\tau_1-\tau_3-\theta}a_{i,t}+\dfrac{-\theta(\tau_1+\tau_2)}{\tau_1-\tau_3-\theta}y_{i,t}-\dfrac{\theta[\tau_4+\alpha(\tau_1-\tau_3)]}{\tau_1-\tau_3-\theta}h_{i,t}+\\[3mm]\dfrac{\theta\gamma(\tau_1-\tau_3)}{\tau_1-\tau_3-\theta}c_{i,t-1}-\dfrac{\theta}{\tau_1-\tau_3-\theta}\left(\tau_4z_{i,t}+\tau_5+\dfrac{\tau_2^2\delta_{i,y}^2}{2}+\ln\rho\tau_0(\tau_1-\tau_3)\right)+\\[3mm]\dfrac{\theta}{\tau_1-\tau_3-\theta}\ln\rho\tau_0(\tau_1-\tau_3)+\dfrac{\tau_3-\tau_1}{\tau_1-\tau_3-\theta}+\ln\rho\tau_0(\tau_1-\tau_3)\end{array}\right)$$

$$
=\rho E_t\tau_0\exp\left(\begin{array}{l}\dfrac{-\theta\tau_1(1+r)}{\tau_1-\tau_3-\theta}a_{i,t}+\dfrac{-\theta(\tau_1+\tau_2)}{\tau_1-\tau_3-\theta}y_{i,t}-\dfrac{\theta[\tau_4+\alpha(\tau_1-\tau_3)]}{\tau_1-\tau_3-\theta}h_{i,t}+\dfrac{\theta\gamma(\tau_1-\tau_3)}{\tau_1-\tau_3-\theta}c_{i,t-1}-\\[2mm]\dfrac{\theta}{\tau_1-\tau_3-\theta}\left(\tau_4z_{i,t}+\tau_5+\dfrac{\tau_2^2\delta_{i,y}^2}{2}+\ln\rho\tau_0(\tau_1-\tau_3)\right)-\ln\rho\tau_0(\tau_1-\tau_3)\end{array}\right)
$$

$$
=\dfrac{\rho E_t\tau_0}{\rho\tau_0(\tau_1-\tau_3)}\exp\left(\begin{array}{l}\dfrac{-\theta\tau_1(1+r)}{\tau_1-\tau_3-\theta}a_{i,t}+\dfrac{-\theta(\tau_1+\tau_2)}{\tau_1-\tau_3-\theta}y_{i,t}-\dfrac{\theta[\tau_4+\alpha(\tau_1-\tau_3)]}{\tau_1-\tau_3-\theta}h_{i,t}+\\[2mm]\dfrac{\theta\gamma(\tau_1-\tau_3)}{\tau_1-\tau_3-\theta}c_{i,t-1}-\dfrac{\theta}{\tau_1-\tau_3-\theta}\left(\tau_4z_{i,t}+\tau_5+\dfrac{\tau_2^2\delta_{i,y}^2}{2}+\ln\rho\tau_0(\tau_1-\tau_3)\right)\end{array}\right)
$$

$$
=\dfrac{E_t}{(\tau_1-\tau_3)}\exp\left(\begin{array}{l}\dfrac{-\theta\tau_1(1+r)}{\tau_1-\tau_3-\theta}a_{i,t}+\dfrac{-\theta(\tau_1+\tau_2)}{\tau_1-\tau_3-\theta}y_{i,t}-\dfrac{\theta[\tau_4+\alpha(\tau_1-\tau_3)]}{\tau_1-\tau_3-\theta}h_{i,t}+\\[2mm]\dfrac{\theta\gamma(\tau_1-\tau_3)}{\tau_1-\tau_3-\theta}c_{i,t-1}-\dfrac{\theta}{\tau_1-\tau_3-\theta}\left[\tau_4z_{i,t}+\tau_5+\dfrac{\tau_2^2\delta_{i,y}^2}{2}+\ln\rho\tau_0(\tau_1-\tau_3)\right]\end{array}\right)
$$

$$
=\dfrac{1}{(\tau_1-\tau_3)}\exp\left(\begin{array}{l}\dfrac{-\theta\tau_1(1+r)}{\tau_1-\tau_3-\theta}a_{i,t}+\dfrac{-\theta(\tau_1+\tau_2)}{\tau_1-\tau_3-\theta}y_{i,t}-\dfrac{\theta[\tau_4+\alpha(\tau_1-\tau_3)]}{\tau_1-\tau_3-\theta}h_{i,t}+\\[2mm]\dfrac{\theta\gamma(\tau_1-\tau_3)}{\tau_1-\tau_3-\theta}c_{i,t-1}-\dfrac{\theta}{\tau_1-\tau_3-\theta}\left[\tau_4z_{i,t}+\tau_5+\dfrac{\tau_2^2\delta_{i,y}^2}{2}+\ln\rho\tau_0(\tau_1-\tau_3)\right]\end{array}\right)
$$

(3-24)

将式（3-23）与式（3-24）相加可得：

$$
v_t=\left[\dfrac{1}{(\tau_1-\tau_3)}-\dfrac{1}{\theta}\right]\exp\left(\begin{array}{l}\dfrac{-\theta\tau_1(1+r)}{\tau_1-\tau_3-\theta}a_{i,t}+\dfrac{-\theta(\tau_1+\tau_2)}{\tau_1-\tau_3-\theta}y_{i,t}-\dfrac{\theta[\tau_4+\alpha(\tau_1-\tau_3)]}{\tau_1-\tau_3-\theta}h_{i,t}+\\[2mm]\dfrac{\theta\gamma(\tau_1-\tau_3)}{\tau_1-\tau_3-\theta}c_{i,t-1}-\dfrac{\theta}{\tau_1-\tau_3-\theta}\left[\tau_4z_{i,t}+\tau_5+\dfrac{\tau_2^2\delta_{i,y}^2}{2}+\ln\rho\tau_0(\tau_1-\tau_3)\right]\end{array}\right)
$$

也即

$$
\tau_0\exp(\tau_1a_{i,t}+\tau_2y_{i,t}+\tau_3c_{i,t-1}+\tau_4h_{i,t}+\tau_5)
$$

$$
=\left[\dfrac{1}{(\tau_1-\tau_3)}-\dfrac{1}{\theta}\right]\exp\left(\begin{array}{l}\dfrac{-\theta\tau_1(1+r)}{\tau_1-\tau_3-\theta}a_{i,t}+\dfrac{-\theta(\tau_1+\tau_2)}{\tau_1-\tau_3-\theta}y_{i,t}-\dfrac{\theta[\tau_4+\alpha(\tau_1-\tau_3)]}{\tau_1-\tau_3-\theta}h_{i,t}+\\[2mm]\dfrac{\theta\gamma(\tau_1-\tau_3)}{\tau_1-\tau_3-\theta}c_{i,t-1}-\dfrac{\theta}{\tau_1-\tau_3-\theta}\left[\tau_4z_{i,t}+\tau_5+\dfrac{\tau_2^2\delta_{i,y}^2}{2}+\ln\rho\tau_0(\tau_1-\tau_3)\right]\end{array}\right)
$$

(3-25)

由对应的系数相等，可以求解得到各个系数的值。从而能够得到：

$$\tau_0 = \frac{1}{(\tau_1-\tau_3)} - \frac{1}{\theta}$$

$$\tau_1 = \frac{-\theta\tau_1(1+r)}{\tau_1-\tau_3-\theta}$$

$$\tau_2 = \frac{-\theta(\tau_1+\tau_2)}{\tau_1-\tau_3-\theta}$$

$$\tau_3 = \frac{\theta\gamma(\tau_1-\tau_3)}{\tau_1-\tau_3-\theta}$$

$$\tau_4 = -\frac{\theta[\tau_4+\alpha(\tau_1-\tau_3)]}{\tau_1-\tau_3-\theta}$$

$$\tau_5 = -\frac{\theta}{\tau_1-\tau_3-\theta}\left[\tau_4 z_{i,t}+\tau_5+\frac{\tau_2^2\delta_{i,y}^2}{2}+\ln\rho\tau_0(\tau_1-\tau_3)\right] \tag{3-26}$$

对式（3-26）进行处理得到：

$$\tau_0 = -\frac{1+r}{\theta r}$$

$$\tau_1 = -\frac{\theta r(1+r+\gamma)}{1+r}$$

$$\tau_2 = -\frac{\theta(1+r-\gamma)}{1+r}$$

$$\tau_3 = \frac{\theta r\gamma}{1+r}$$

$$\tau_4 = -\alpha\theta$$

$$\tau_5 = \frac{1}{r}\left[\ln\rho(1+r)+\frac{\theta^2\delta_{i,y}^2(1+r-\gamma)^2}{2(1+r)^2}-\alpha\theta z_{i,t}\right] \tag{3-27}$$

将式（3-27）代入式（3-22）得：

$$\frac{\tau_1(1+r)}{\tau_1-\tau_3-\theta} = -\frac{\tau_1}{\theta} = \frac{r(1+r-\gamma)}{1+r}$$

$$\frac{\tau_1+\tau_2}{\tau_1-\tau_3-\theta} = -\frac{\tau_2}{\theta} = \frac{1+r-\gamma}{1+r}$$

$$\frac{\tau_4+\theta\alpha}{\tau_1-\tau_3-\theta} = 0$$

$$-\frac{\theta\gamma}{\tau_1-\tau_3-\theta} = \frac{\gamma}{1+r}$$

$$\frac{1}{\tau_1 - \tau_3 - \theta}\left[\ln\rho\tau_0(\tau_1 - \tau_3) + \tau_5 + \tau_4 z_{i,t} + \frac{\tau_2^2\delta_{i,y}^2}{2}\right]$$

$$= -\frac{\tau_5}{\theta} = -\frac{1}{r\theta}\left[\ln\rho(1+r) + \frac{\theta^2\delta_{i,y}^2(1+r-\gamma)^2}{2(1+r)^2} - \alpha\theta z_{i,t}\right]$$

$$(3-28)$$

由式（3-28）可得旅游消费决策函数的表达式：

$$c_{i,t} = \frac{r(1+r-\gamma)}{1+r}a_{i,t} + \frac{1+r-\gamma}{1+r}y_{i,t} + \frac{\gamma}{1+r}c_{i,t-1} - \frac{1}{r\theta}\left[\ln\rho(1+r) + \frac{\theta^2\delta_{i,y}^2(1+r-\gamma)^2}{2(1+r)^2} - \alpha\theta z_{i,t}\right]$$

$$(3-29)$$

从而可得人力资本水平对居民旅游消费影响的理论模型为：

$$c_{i,t} = \alpha_0 + \alpha_1 H_{i,t} + \alpha_2 Y_{i,t} + \alpha_3 C_{i,t-1} + \alpha_4 A_{i,t} \tag{3-30}$$

由式（3-30）能够知道，个体当期的旅游消费受到人力资本状况、旅游预算水平、上期旅游消费水平与家庭财富水平的影响。

二、异质性个体进行旅游消费的偏好选择

由上文中人力资本促进旅游消费的微观模型可知，人力资本越高的个体会带来更大的旅游消费。为了进一步刻画不同人力资本禀赋个体的旅游消费选择过程，有必要对个体旅游消费选择进行模型构建。为了分析简便，我们假设个体的消费模型面临两种商品进行选择，旅游消费商品（L）和非旅游消费商品（N），那么两种商品给个体带来的效用函数可以为：

$$U = U(L, N) \tag{3-31}$$

对于旅游消费而言，人力资本是其重要的影响因素，由上文的作用机制分析可知，个体人力资本（H_l）可以通过收入水平（S_l）、旅游消费时间（t_l）、旅游消费能力（A_l）以及旅游消费意愿（W_l）来影响旅游消费决策，即

$$H_l = h(S_l, t_l, A_l, W_l) \tag{3-32}$$

随着收入水平的提高、休闲时间的增加、旅游消费能力的增强和旅游消费意愿的提升，个人的旅游消费都会随之提高，因此，我们设定：

$$\frac{\partial L_l}{\partial t_l} > 0, \quad \frac{\partial L_l}{\partial S_l} > 0, \quad \frac{\partial L_l}{\partial A_l} > 0, \quad \frac{\partial L_l}{\partial W_l} > 0 \tag{3-33}$$

当个体效用最大的约束条件为：

$$L_j = L(t_{lj}, H_{lj})$$
$$Z_j = Z(t_{lj}, x_{lj})$$

$$H_l = h(S_l, \; t_l, \; A_l, \; W_l) \tag{3-34}$$

$$\sum \frac{px_j}{(1+r)^j} = \sum \frac{wt_{wj} + b_j}{(1+r)^j}$$

$$t_{wj} + t_{lj} + t_{xj} = t$$

在式（3-34）中，w 为工资率，r 为利率，px_j 为旅游商品的成本，t_{wj} 为个体 j 的工作时长，t_{xj} 为商品 Z 的花费时间，b_j 为这段时间的财产投入。为了方便对比个体在旅游消费和其他消费物品之间选择，我们假定式（3-31）所表示的效用函数为各时期的折现之和，而旅游消费商品（L）和非旅游消费商品（N）为同一时期的商品。因为消费者最优选择行为取决于两种物品的边际效用函数与影子价格比相等时的消费量，其中 j 表示个体：

$$\frac{MU_{lj}}{MU_{zj}} = \frac{\partial U}{\partial L_j} \Big/ \frac{\partial U}{\partial Z_j} = \frac{\pi_{lj}}{\pi_{zj}} \tag{3-35}$$

也就是说，当每种商品的影子价格等于边际效用的收益时，个体选择的旅游消费数量和非旅游消费数量组合能达到效用最优。也就是说，当个体对旅游消费的边际效用评价越大，曲线下降速度越慢，其选择的最优旅游消费数量就越大。即只要满足 $\dfrac{\partial U}{\partial L_j} > \dfrac{\partial U}{\partial Z_j}$，个体选择旅游消费的数量就会越大。

由式（3-32）和式（3-33）可知，人力资本质量越高的个体，其在收入水平、休闲时间、消费能力和旅游消费意愿上的表现就越好。因此，与人力资本水平较低（h_2）的个体相比，高人力资本消费者（h_1）对旅游消费的边际效应评价就越大，公式表达为：

$$\frac{\partial U}{\partial L_{jh_1}} > \frac{\partial U}{\partial L_{jh_2}} \tag{3-36}$$

此时，人力资本水平越高的个体，其最优消费组合 $U(L, Z)$ 中旅游消费支出的占比就越大。也就是说，当保持其他条件不变时，个体的人力资本水平越高，其在消费组合中选择旅游消费的比重越大。

本章小结

本章从理论层面深入考察了人力资本对旅游消费影响的作用渠道和表现特

征，得出以下重要结论：

其一，就理论框架而言，人力资本通过对旅游消费能力和旅游消费意愿产生作用，进而影响旅游消费行为和旅游消费水平。具体影响可分为三个方面：一是人力资本水平通过改变旅游消费能力对旅游消费行为的参与决策与参与程度产生影响。旅游消费能力主要体现在支付能力、消费技术、休闲时间和社交能力四个方面。二是人力资本水平通过影响旅游消费意愿进而改变旅游消费行为。该部分提出旅游者认知能力和非认知能力存在差异性，人力资本能力可以通过旅游消费态度、主观规范和知觉行为控制影响旅游消费意愿进而作用于旅游消费行为。三是从宏观上看，人力资本对旅游消费水平具有显著促进作用，并表现出空间溢出效应和非线性作用特征。根据这一逻辑框架，后文将使用微观数据和宏观数据对以上理论分析进行系统的实证检验。

其二，为了探究人力资本对居民旅游消费的影响机制，本书尝试推导个人人力资本对旅游消费水平和个体进行旅游消费选择的数理模型。通过借鉴其他学者的研究思路设定基本的居民消费函数，得出了与理论分析一致的结论，即个体当期的旅游消费受到人力资本状况的影响，并且当保持其他条件不变时，个体的人力资本水平越高，其在消费组合中选择旅游消费的比重越大。

第四章　人力资本与旅游消费：
发展现状和相关性分析

第三章重点就人力资本对旅游消费作用的渠道和影响效应进行了理论探讨。本章则重点对国际层面和国内层面的人力资本和旅游消费的发展现状及其相关性进行分析，以便对人力资本和旅游消费发展的总体认知和相关性程度有更全面的把握，为下文进行实证检验奠定基础。

第一节　人力资本发展现状分析

一、国际人力资本发展现状

（一）发展成绩

21世纪以来，随着各国对人力资本培育和发展的重视程度不断加强，当前世界范围内各国（地区）人力资本水平都表现出不同程度的发展和提升。一是人力资本水平不断提升。按照世界银行官方数据库的统计数据，2000~2020年，全球小学平均入学率从约55.2%发展至66.3%，初中平均入学率从60.1%提高到约77.4%，高等院校平均入学率从约19.7%提升到约40.2%，成年人群识字率水平则从不到80.7%增长到接近88.0%的水平。可以看出，世界范围内人力资本整体规模和高水平人力资本培养上呈现出不断提升的基本趋势。二是职业教育迅速发展，对人力资本技能的提升发挥了重要作用。如今，职业教育已经成为我国现代教育体系的有机组成部分。比如，近几十年来，国际组织与各国政府不断探寻职业教育改革发展新格局，加大对职业教育的扶持和投入，推动职业教育数字化转型，致力于解决技能型师资短缺问题，全方位多维度地完善职业教育模式，职业教育规模呈快速增长态势，预计 2026 年全球职业教育市场规模将超过 8000 亿美元。[①] 通过大规模和高水平的职业教育，劳动者技能得以有效改善，极大地提升了他们的就业能力，从而增加了获得更高收入的可能性。三是人力资本积累从数字化中持续受益。近年来，很多国家（地区）着力推广数字教育（在线教育）模式，绝大部分学校启动远程教育和在线学习模式。随着数字技术发展，数字手段介入教育行业已成为普遍现象，很多国家（地区）积极利用数字技术辅助开展教学，利用线上教学平台、数字媒体产品来为学生提供便利的学习和考试条件。如视频会议软件 Zoom 已成为全球家喻户晓的品牌，Zoom 的全球使用量在 2022 年前 3 个月猛增 20 倍，最高单日使用人数达 1000 万人，在新冠疫情期间最高单日人数曾经突破两亿。[②] 数字技术对创建和共享大容量数字教育资源、缩小地区或城乡之间的教育鸿沟、促进教育公平、帮助所有接受教育者提高其人力资本，发挥了极为重要的作用。

（二）存在的问题

虽然世界人力资本发展的整体趋势保持快速上升，且中低收入国家人力资本发展速度远高于高收入国家，但世界范围内的人力资本鸿沟仍然没有得到实质性变化，高水平人力资本呈现地域聚集性。近 20 年间，低收入国家识字率提升的年均增速接近 1%，中等收入国家识字率提升的年均增速约为 0.43%，两者远高于中高收入国家的 0.27%（张来明，2021），但人力资本的发展鸿沟并未发生根本性改变，发达经济体仍然是普遍高水平人力资本的快速发展和高度聚集的主要地区，如美国、英国、日本、韩国和大部分欧盟国家具有绝对优势。其中，美国、英国、韩国、德国和法国等发达经济体的高等院校入学率已经达到 87.8%、65.7%、98.5%、73.5% 和 68.3%，而属于低收入国家的阿富汗、乍得、刚果（金）等高等院校入学率刚刚超过 10.5%、6.6% 和 3.2%，泰国、马来西亚、伊朗、墨西哥等中等收入国家也仅有约 58.2%、42.8%、42.5% 和 49.2%，[③] 这些国家教育发展环境，远不如发达经济体，国际层面人力资本鸿沟没有实质性改变。

---

① 参见艾瑞咨询发布的《2022 年全球职业教育行业发展报告》。

② "疫情大赢家" Zoom 视频软件未来靠什么赚钱？［EB/OL］．［2020 - 06 - 05］．https：//baijiahao. baidu. com/s？id＝1668624566537675394&wfr＝spider&for＝pc.

③ "不同国家高等教育毛入学率比较"［EB/OL］．［2020 - 09 - 13］．https：//www. zqwdw. com/cehua-fangan/2020/0913/708597. html.

二、中国人力资本发展现状

（一）发展成绩

经过长期努力，我国劳动者素质得到普遍提升，人力资本积累取得长足进展，具体体现在以下两个方面：一是人力资本水平增速较快，结构高级化趋势较为显著。从全国范围来看，进入 21 世纪以来，我国本科或专科以上在校就读人数持续上升，从 2000 年的 556.1 万人发展到 2020 年突破 3285 万人，占总人口比重也从 0.4% 上升至 2.3%。其中，硕士在校就读人数已超过 267 万人，博士在校就读人数接近 47 万人，近 10 年的年增长率分别超过了 7.1% 和 5.6%。[①] 放眼全球，我国教育发展速度也是令人瞩目。根据世界银行官方数据库统计数据，在近 20 年来的时间里，高收入国家高等院校入学率年均增长速度约为 1.7%，我国的增长速度却达到了全球瞩目的 11%，远高于美国、英国、瑞典等主要发达经济体的 0.6%，以及以色列的 0.9%、比利时的 1.7%。[②] 此外，我国预期受教育年限不断提高，从 2012 年起越过了全球平均线。截至 2021 年，我国高等院校入学率达到 57.8%，全国劳动年龄人口平均受教育年限为 10.9 年。[③] 这一结果，超过了世界平均水平和绝大多数的中等收入国家。二是人力资本投资强度不断增长，城乡和地区间差距持续缩小。人力资本的发展和培育离不开充足、广泛和较为全面的投资，教育人力资本的投资最重要的来源就是政府性经费支出，通过国家宏观调控和有序合理配置，保障教育资源要素相对公平、精准地分配和运用。近 20 年来，我国通过对教育经费的高水平、高效率和大规模投资，创造了人力资本领域的突破性进展，更好地弥合了城乡和地域间存在的人力资本水平的巨大鸿沟；我国财政性教育经费保持着不断增长的基本发展趋势，2020 年在规模上突破了 42908 亿元，占 GDP 总值的比重也已经超越了 2.0%。东部、中部、西部各省份之间基础教育体系下的在读人数占比的差距也在不断缩窄，各省份高等院校在读人数占总人口比重均基本保持了上升态势，2008 年至今绝大部分省份高等院校在读人数占比不断增长。其中，贵州省、宁夏回族自治区、新疆维吾尔自治区增速较快，分别达到约 6.9%、4.8% 和 4.7% 的增长率，反映了我国各区域的人力资本培育发展也在不断增速。

---

① 参见国家统计局官网，https：//www.stats.gov.cn/。

② 参见世界银行公开数据库官网，https：//data.worldbank.org.cn/。

③ 教育部：2021 年我国高等教育毛入学率达 57.8%［EB/OL］.［2022-03-01］.https：//www.sohu.com/a/526252948_115865.

（二）存在的问题

虽然我国已经成长为人力资本大国。但总的来看，我国人力资本质量不高、结构失衡的问题仍然较为突出，与建成人才强国的目标相比仍有较大差距。

一是城乡和区域间人力资本鸿沟和资源错配现象没有发生根本改变。虽然通过政府宏观调控和资源有效配置以及全社会的共同努力，缩减了城乡间和地区间人力资本差距，缓解了全国范围内教育资源供给侧和需求侧的错配问题及不平衡矛盾，但是人力资本鸿沟依旧存在。

二是高水平人力资本发展空间巨大，人力资本红利潜力亟待释放。毋庸置疑，我国整体人力资本水平大幅提高，但在实际水平和产出效率上却明显低于发达经济体。根据世界银行官方数据库统计数据，2000 年起高收入国家的高等院校入学率平均水平已经超过 56.0%，截至 2020 年，已经达到 79.3%。反观我国 2020 年的高等院校入学率刚刚突破 58%，同期的韩国、新加坡、美国、德国、俄罗斯和英国等国家已经分别达到了 98.4%、91.3%、88.2%、86.4%、73.5% 和 66.4%。同时，中国人均教育支出的绝对水平与发达国家还有较大差距，2018 年中国人均财政性教育经费支出水平分别仅为美国、英国、德国、法国和日本的 11.5%、15.9%、16.3%、16.7% 和 23.8%；在高等教育经费占 GDP 比重上，我国虽然已经突破了 3.5%，但不及中等收入国家 3.8% 的平均水平，甚至略低于中低等收入国家，相较于英国的 5.6%、瑞典的 7.6%、美国的 4.9%、丹麦的 6.8%、法国的 5.4%、德国的 4.9% 以及韩国的 4.5%，还有相当大的差距。因此，无论从产出还是投入角度来看，我国人力资本培育和发展水平仍然存在较大的发展空间，需要保持较快增速以进一步扩大和提升人力资本规模与水平。[①]

第二节　旅游消费发展现状分析

一、国际旅游消费发展现状

（一）发展成绩

经济全球化和服务化的双重趋势下，世界各国（地区）的国际旅游消费需

---

① 参见世界银行公开数据库官网，https://data.worldbank.org.cn/。

求蓬勃发展，出入境旅游消费群体规模不断扩大，消费结构得到进一步优化。一是出入境旅游消费需求旺盛，旅游服务贸易总规模不断上升。2019 年世界范围内各国（地区）入境和出境游客总人数达到 24.03 亿人次和 20.34 亿人次，较 2000 年的上涨幅度分别约为 80.4% 和 81.3%，除了 2008~2009 年出现显著下滑外，近 20 年来，世界范围内各国（地区）的出入境旅游消费群体规模呈现出持续扩张的趋势。截至 2019 年，各国（地区）旅游服务贸易进口和出口总额已经分别突破 14024 亿美元和 14748 亿美元，近十年时间内的年均增速分别超过了 6.3% 和 5.7%，展现了全球旅游消费需求的高速发展和旺盛增长[①]。二是国际旅游消费规模持续扩大，客运项目支出比重出现微降趋势。随着旅游消费需求的增长，国际旅游消费支出规模也快速扩大，其中客运项目支出比重在波动中出现了微弱下降的趋势特征。截至 2019 年，国际旅游总消费支出已经超过了 14391 亿美元，较 2000 年增长超过了 1.6 倍。其中，国际旅游客运项目支出呈现出相对明显的微弱下降趋势，从 2012 年占总支出的 20.5% 左右降至 2019 年不到 17.4%[②]，反映了旅游消费支出中由非居民承运人提供的所有国际运输服务所需消耗的费用占比趋于缩减，支出结构的变化有利于扩大旅游消费群体拥有更广阔、更充分的旅游消费空间、提高旅游消费群体满意度和获得感，以及提升旅游消费质量和水平。

（二）存在的问题

世界范围内各国（地区）旅游消费水平还取决于各国（地区）经济发展程度、对外开放水平、居民工资待遇、社会文化和制度等多方面的影响，因此各国（地区）间存在明显的旅游消费需求规模上的差异。发达经济体国家居民生活水平相对较高，往往有更高水平、更大规模的旅游消费需求。根据世界银行数据库的统计数据，截至 2019 年，高收入国家总计形成了约合 9596.72 亿美元的国际旅游消费支出规模，位居世界前列，近十年内以年均增长 3.6% 的速度不断扩大。其中，美国远超德国、俄罗斯、澳大利亚、日本、韩国等绝大部分高收入经济体，2019 年已经形成约 1860.79 亿美元的国际旅游消费支出规模，并且长期以来基本保持住不断增长的良好态势。相较而言，发展中经济体的旅游消费需求相对受限，2019 年中低等收入国家的国际旅游支出规模约为 1336.92 亿美元，虽然近十年内以 8.3% 左右的年均增速在发展势头上远超大部分的发达经济体，但在规

---

① 参见联合国贸易和发展会议数据库官网，https://unctadstat.unctad.org/EN/Index.html。

② 参见世界银行公开数据库官网，https://data.worldbank.org.cn/。

模上甚至远低于美国、德国、法国等发达经济体。其中，海地、蒙古、孟加拉国、巴基斯坦等欠发达国家（地区）在 2019 年的国际旅游消费支出仅分别为 5.54 亿美元、10.36 亿美元、13.89 亿美元、29.98 亿美元，因此，与较发达经济体相比国际旅游消费还存在显著消费水平差距。①

二、中国旅游消费发展现状

（一）发展成绩

随着居民收入水平的提高和旅游产业不断优化升级，我国国内旅游消费增长的基本态势明显。一是国内旅游消费规模快速增长，城乡居民消费需求不断扩大。2000 年，我国国内旅游总花费约为 3175.5 亿元。截至 2019 年，我国国内旅游消费总规模已经突破了 57000 亿元，年均增长速度接近 16.5%，国内游客数量也由 2000 年的 7.44 亿人次快速扩张到 2019 年的约 60.06 亿人次，年均增速已经突破 11.5%，充分反映了我国居民旅游消费需求蓬勃发展、快速提升和日益扩张的基本特征。与此同时，我国城镇居民已经成为国内旅游消费的重要源泉和关键动能。2019 年，城镇居民旅游消费规模约合 17966.5 亿元，人均消费 870.3 元；农村居民也逐渐发展成为旅游消费中日益凸显的重要部分，其旅游消费在 2019 年也达到了 4319.8 亿元，人均消费约为 530.5 元。近 20 年来，城镇和农村居民消费规模的年均增速也分别超越 17.5% 和 13.0%，人均消费规模年均增速则分别为 1.3% 和 4.6% 左右。② 二是出入境旅游消费扩张势头显著，旅游消费流向和来源多元化。一方面，我国公民出境旅游消费需求强度不断提高。我国人民对美好生活的追求日益增加，出境旅游逐渐成为我国公民提高旅游体验感、丰富文化感受和满足个人消费需求的重要途径。截至 2019 年，我国居民出境旅游人数已经达到约 16920.54 万人次，其中因私出境人数超过 16211 万人次。另一方面，随着改革开放的不断深化和入境旅游管理措施的优化调整，世界各地来华旅游消费人群规模不断扩大，形成国际化、多元化的国际旅游群体构成和旅游消费来源。2000 年以来，来自不同大洲国家（地区）的游客数量均呈现上升的基本态势，截至 2018 年，亚洲、非洲、欧洲、拉丁美洲、北美洲和大洋洲地区的境外游客已经分别达到 1912.07 百万人次、67.41 百万人次、604.43 百万人次、45.37 百万人次、333.48 百万人次和 91.31 百万人次，占据我国入境游客总规模约

---

① 参见世界银行公开数据库官网，https://data.worldbank.org.cn/。
② 参见国家统计局官网，https://www.stats.gov.cn/。

62.6%、22.1%、19.8%、14.9%、10.9%和3.0%的份额。① 此外，入境旅游需求多元化的现象也值得关注。入境旅游的主要需求不断丰富，包括了会议或商务、观光休闲、探亲访友、入境服务提供等，客观上反映我国服务业开放成为拉动我国入境旅游消费增长的全新动能和重要源泉。

（二）存在的问题

1. 城乡居民出游率和消费规模差距较大，制约了旅游消费整体水平提升

城乡居民的出游率和消费规模差距显著，严重制约了全国范围内旅游业的高质量发展和旅游服务供需双端的高效匹配，不利于我国居民旅游消费的进一步扩张。总体来看，城镇居民出游率保持快速提升的增长趋势，而农村居民出游率则维持相对较低的增长速度，城乡居民国内旅游出游率差距从2010年的不到5个百分点扩大到2019年接近213.70个百分点。除此之外，城乡居民人均旅游消费支出规模方面的差距虽然较之于2009年前略有下降，但仍然存在显而易见的巨大鸿沟，2010~2019年城乡居民人均旅游花费数额的差距一直维持在400元以上，截至2019年，该差距仍约有427.9元；城乡居民旅游消费总支出的差距则更加明显，从2000年的仅有1295元，以45.5%左右的年均增长速度快速扩大到2019年的37767元。②

2. 旅游消费配套政策不尽完善，旅游消费潜力释放不足

旅游消费涉及面广，需要健全的政策体系有力支撑。我国旅游消费政策仍有不少需要完善的方面：一是我国带薪假期制度普及面较小，配套政策实施标准不统一。休闲时间是激发居民旅游消费热情和潜力的必要前提，带薪假期制度是为居民创造休闲时间的重要手段和主要方式，但我国带薪休假制度在贯彻落实上口径各异、普及度不高，导致旅游市场长期存在供需两侧不平衡的现象。比如，带薪休假制度虽然在《中华人民共和国劳动法》中已经作出原则性的规定，并且在国务院颁布的《职工带薪年休假条例》中有明确说明，但相对于美国每年3~4.5周、法国的4周、丹麦的5周等，我国约3周的法定带薪假期则相对偏短。与此同时，在其具体落地实施过程中相对消极，或者执行方案差异较大、口径各异。此外，我国目前实行的是集中式的休假模式，这很容易导致旅游消费需求在集中休假时期骤增，旅游产品供给和旅游服务很可能难以及时跟进，旅游安全隐患也时有发生，从而导致旅游业整体服务质量明显下降，旅游消费群体满意度和

---

① 参见联合国贸易和发展会议数据库官网，https：//unctadstat. unctad. org/EN/Index. html。

② 参见国家统计局官网，https：//www. stats. gov. cn/。

获得感大幅度降低。二是我国入境旅游政策提升我国旅游业国际竞争力的作用有限，在旅游消费国际客源的竞争中优势不明显。面对入境消费客源分流和人均消费不高等问题，东亚、东南亚以及南亚国家（地区）积极出台各类促进入境旅游的措施或政策以弥补因自然灾害、流行病等所造成的旅游损失。相比之下，我国在入境旅游政策上的调整较为缓慢，相关程序烦琐复杂，完善程度较低的旅游交通基础设施统筹规划并未根本改变我国入境旅游中基本旅游消费支出比重较大的现状，导致我国入境旅游消费的国际竞争力和吸引力的提升空间仍然较大。

3. 旅游市场供需失衡，旅游消费需求和旅游产品供给存在结构性矛盾

我国旅游消费需求加速升级、转向和增长，而旅游产品供给相对单一、同质和滞后，与多元、个性和动态的旅游消费需求间存在突出矛盾。旅游产品和旅游方式适应不了旅游者的消费偏好和消费习惯的显著变化。主要体现在以下三个方面：一是旅游交通数字化、智慧化趋势日益明显，线上预约出行成为主要方式，小型化旅游团体和自助游受到更多偏好，但我们很多旅游产品和旅游方式并没有根据消费者需求进行改进，赶不上旅游者消费偏好的改变。二是近郊休闲和度假游火爆，露营、户外运动等"微度假"方式受到青睐，但是旅游产品的供给以帐篷、运动装备等相关设备为主，较少涉及旅游体验的核心部分，供给方缺乏对产品的有效整合和优化。三是部分旅游消费行为线上化，云旅游和数字旅游产品不断涌现。2021 年在线旅游市场交易量约达 1.3 万亿元，在线旅行社（OTA）发展迅速，但部分传统旅行社和供给方数字化升级转型不足，数字服务能力较低，联动线上和线下产品和消费场景的能力不强，商业模式主要停留在传统线下旅游时期，数字技术在旅游业的应用任重道远。

第三节　人力资本与旅游消费相关性分析

通过前文对人力资本和旅游消费的发展现状进行的分析可知，无论是国际层面还是国内层面，人力资本和旅游消费都得到了进步和发展，但也存在一定问题，如果将国际人力资本与国际旅游消费现状、国内人力资本与国内旅游消费发展现状进行对比分析，可以发现两者发展成果与存在问题之间具有一定的相关性。国际层面，国际人力资本与国际旅游消费发展现状存在相似性。一方面，国际人力资本和国际旅游消费都实现大幅度提升；另一方面，国际人力资本鸿沟与

旅游消费鸿沟同时存在。国内层面，国内人力资本与国内旅游消费存在相似性。一方面，国内人力资本与旅游消费水平都得到大幅度提升；另一方面，国内人力资本鸿沟与旅游消费鸿沟同时存在。为了从数据层面探究人力资本与旅游消费的相关性，本节首先通过散点图和拟合线直观观察两者发展趋势，其次再进行灰色关联度分析，进一步探究两者之间关联度强弱程度。

一、人力资本与旅游消费散点图和拟合线分析

表 4-1 是根据国家统计局数据和李海峥教授测算人力资本指数①得到的 1994~2019 年我国国内游客人次、国内旅游总花费、国内旅游人均花费和人均人力资本的发展现状。与前文分析一致，我国旅游消费和人力资本都得到了大幅度提升。为了更加直观地观察人力资本与旅游消费的发展趋势，本节分别使用国内游客人次、国内旅游总花费和国内旅游人均花费与人均人力资本做散点图和拟合线进行分析，如图 4-1、图 4-2 和图 4-3 所示。

表 4-1　1994~2019 年我国旅游消费和人力资本数据

年份	国内游客（百万人次）	国内旅游总花费（亿元）	国内旅游人均花费（元）	人均人力资本（元）
1994	524	1023.5	195.3	146779
1995	629	1375.7	218.7	162301
1996	639	1638.4	256.2	185931
1997	644	2112.7	328.1	213630
1998	694	2391.2	345	243524
1999	719	2831.9	394	278290
2000	744	3175.5	426.6	317679
2001	784	3522.4	449.5	357578
2002	878	3878.4	441.8	396961
2003	870	3442.3	395.7	440927
2004	1102	4710.7	427.5	490164
2005	1212	5285.9	436.1	538441

　① 中国人力资本与劳动经济研究中心的"中国人力资本的测量及人力资本指标体系的构建"项目得到国家自然科学基金会及中央财经大学的专项资助。该项目旨在建立中国第一套科学的系统的人力资本指数，定量描述中国人力资本的分布及发展动态。

续表

年份	国内游客 （百万人次）	国内旅游总花费 （亿元）	国内旅游人均花费 （元）	人均人力资本 （元）
2006	1394	6229.7	446.9	615467
2007	1610	7770.6	482.6	701686
2008	1712	8749.3	511	793511
2009	1902	10183.7	535.4	895509
2010	2103	12579.8	598.2	1001532
2011	2641	19305.4	731	1142336
2012	2957	22706.2	767.9	1290366
2013	3262	26276.1	805.5	1458236
2014	3611	30311.9	839.7	1629393
2015	3990	34195.1	857	1755265
2016	4435	39389.8	888.2	1933048
2017	5001	45660.8	913	2135312
2018	5539	51278.3	925.8	2335283
2019	6006	57250.9	953.3	2544159

资料来源：国家统计局和"中国人力资本的测量及人力资本指标体系的构建"项目。

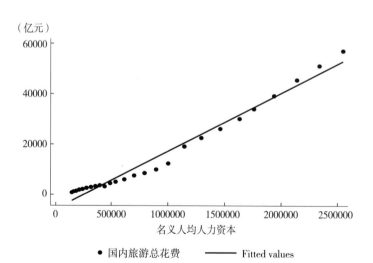

图4-1　国内游客人次与人均人力资本散点图和拟合线

资料来源：笔者自绘。

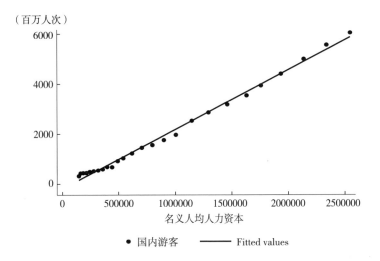

图4-2 国内旅游总花费与人均人力资本散点图和拟合线

资料来源：笔者自绘。

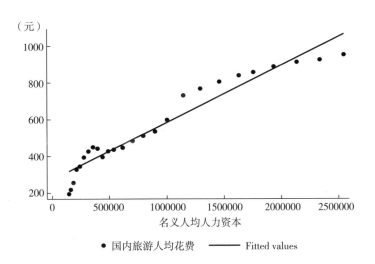

图4-3 国内旅游人均花费与人均人力资本散点图和拟合线

资料来源：笔者自绘。

根据图4-1、图4-2和图4-3可知，人均人力资本与国内游客人次、国内旅游总花费和国内旅游人均花费在整体上具有相关性且存在正向的影响趋势，具体表现为人均人力资本水平越高，国内游客人次越多、国内旅游总花费和国内旅游人均花费越高。虽然图4-1、图4-2和图4-3的散点图和拟合线在趋势上存在局部细小差异，但就整体而言，1994~2019 年，人均人力资本与国内游客人次、国内旅游总花费和国内旅游人均花费在整体上是呈现出正相关趋势的，旅游消费会随着人力资本的增加而提高。

二、灰色关联度分析

根据散点图和拟合线结果，可以得知人均人力资本与国内游客人次、国内旅游总花费和国内旅游人均花费呈显著的正相关关系，为了了解人力资本与旅游消费的相关性强弱程度，本节还使用灰色关联度分析方法，加入其他旅游消费因素与人力资本因素进行综合比较。

在灰色关联度分析中的变量选取中，除了人力资本变量和国内旅游人均花费不变，综合经济、社会、旅游产业发展和个体人力资本水平等内外因素，最终增加了居民人均可支配收入（元）、总人口（万）、旅行社数（个）、星级饭店总数（个）、第三产业就业人员（万人）、第三产业增加值（%）、房地产开发投资（亿元）、居民消费价格指数和城镇化率（%）这九个与旅游消费关系较为密切的变量，这些变量均来源于国家统计局。在此基础上，利用灰色关联度分析，将国内人均旅游消费作为参考序列，而将其他变量作为比较序列，对参考数列和比较数列数据用初值化法进行无量纲化处理，进行灰色关联度分析，计算关联系数，并以此作为筛选变量的标准。灰色关联度如表4-2所示。

表 4-2　灰色关联度

指标	关联度
居民人均可支配收入	0.9986302
人力资本	0.997974
总人口	0.9968748
第三产业增加值	0.9962376
居民消费价格指数	0.9872424
城镇化率	0.9845435
第三产业就业人员	0.984028
星级饭店总数	0.9273269
旅行社数	0.9030747
房地产开发投资	0.7109215

资料来源：笔者整理。

由表4-2可知，按灰色绝对关联度从大到小排序有：居民人均可支配收入（元）>人力资本（元）>总人口（万）>第三产业增加值（%）>居民消费价格指数>城镇化率（%）>第三产业就业人员（人）>星级饭店总数（个）>旅行社数（个）>房地产开发投资（亿元）。灰色关联度分析结果表明，在十个指标中，国内旅游人均花费与居民人均可支配收入和人力资本绝对关联度较高，即1994~2019年国内人均旅游消费走势与居民人均可支配收入和人力资本走势更相似。因此，无论是散点图、拟合线还是灰色关联度检验均证实了人力资本与旅游消费在整体上具有相关性且存在正向的影响趋势，并且与其他旅游消费因素相比，两者之间关联度较高。

本章小结

　　本章对国内外人力资本与旅游消费的发展现状和相关性进行了分析，主要内容如下：第一节分析了国内外人力资本的发展现状。世界银行数据显示，国际层面人力资本的存量和水平不断提升，中低收入国家人力资本水平发展速度远高于高收入国家，但存在国际人力资本的发展鸿沟，发达经济体仍然是普遍高水平人力资本的快速发展和高度聚集的主要地区。国内层面人力资本水平提升较快，人力资本结构不断优化，但城乡和区域间存在人力资本鸿沟和资源错配问题。第二节分析了国内外旅游消费发展现状。研究发现，国际层面，出入境旅游消费需求旺盛，旅游服务贸易总规模不断上升，中低收入国家的出境旅游支出规模在近十年内以8.3%左右的年均增速在发展势头上远超大部分的发达经济体，但与国际人力资本鸿沟相似，中低收入国家的旅游消费在规模上远低于美国、德国、法国等发达经济体。中低收入国家与较发达经济体还存在显著的旅游消费水平鸿沟。国内层面，居民旅游消费率从2009~2019年一直保持高速提升的发展趋势，年均增长速度接近7.2%。但与国内人力资本鸿沟相似，城乡居民出游率和消费规模存在较大的差距，城乡居民旅游消费鸿沟制约旅游消费进一步扩张，且存在旅游市场供需失衡，旅游消费需求和旅游产品供给的结构性矛盾比较突出等问题。通过国内外数据对比，我们可以发现，国内外人力资本发展成果及存在问题与国内外旅游消费发展成果和问题存在相似的发展趋势。为了验证两者之间的相关性，第三节通过使用散点图、拟合线和灰色关联度的方法，将人力资本与旅游消费数据进行相关性分析，结果显示，从散点图、拟合线和灰色关联度的数值来看，人力资本与旅游消费确实存在相关性。而且，可以更加确定的是，即使在加入其他旅游消费因素的同时，人力资本与旅游消费关联度依旧较高。虽然本章从数据上证明了人力资本与旅游消费两者之间存在较强的相关性，但并不能解释人力资本对旅游消费的影响路径和具体作用特征。因此，还需要构建科学严谨的计量模型对本书的理论分析加以实证检验，这也是后续研究的必要性所在。

第五章　人力资本对旅游消费能力的影响

第三章在理论上阐释了人力资本对旅游消费影响的作用渠道和表现特征。第四章分析了人力资本与旅游消费的发展现状和相关性。本章秉着第三章由内到外的理论逻辑，开始从微观层面深入探讨人力资本对旅游消费影响的作用渠道，对旅游消费能力渠道进行实证检验。本章安排如下：第一节，先利用家庭追踪调查数据库，构建人力资本对旅游消费影响的 Probit 模型和混合 OLS 模型，以能力为人力资本的代理变量，进行基准回归和异质性分析等实证分析。第二节，为了对旅游消费能力渠道进行实证检验，该小节则对旅游支付能力、消费技术、休闲时间和社交能力四种旅游消费能力进行重点分析和检验。第三节，对本章内容进行简要总结。

第一节　人力资本对家庭旅游消费影响分析

一、研究设计

（一）数据来源

本章所使用的数据主要来自中国家庭追踪调查（CFPS）的全国调查数据，这是由北京大学中国社会科学调查中心负责实施，于 2010 年开始，每两年进行一次全国层面的调查。CFPS 的调查问卷包括村（居）问卷、家庭问卷和个人问卷三个层次，本章所使用的数据主要来源于家庭问卷和个人问卷。

由于本章研究人力资本水平对旅游消费行为的影响，旅游消费通常以家庭为单位进行决策，旅游产品选择和消费金额难以细分到家庭成员个人层面，所以选择在家庭层面对这一问题进行研究。值得一提的是，该数据包含了大量主观问题，涉及非认知能力和认知能力两个方面，能够较好地满足本书研究的实证需求。但户主认知能力与非认知能力的相关问题更多存在于CFPS2014年和2018年的成人问卷中，所以选择使用2014年和2018年调查样本构成的混合数据，并参考刘子兰等（2018）和曹守慧等（2023）的做法，利用户主人力资本水平作为一个家庭人力资本的衡量指标。

（二）变量选取

被解释变量：本章选择家庭是否参加旅游消费活动Travel1和家庭旅游消费支出Travel2作为被解释变量。如果家庭有进行外出旅游消费活动，则对其消费金额进行对数处理（罗蓉等，2020）。

核心解释变量：本章核心解释变量为户主人力资本水平，包含户主认知能力与非认知能力。户主的认知能力主要包含问卷认知模块的词组测试和数学测试两个部分。非认知能力变量构造方面，本章借鉴已有文献方法（Seibert and Kraimer，2001；Nyhus and Pons，2005；Mueller and Plug，2006；李涛和张文韬，2015；乐君杰和胡博文，2017；王春超和张承莎，2019；罗双成等，2020），采用学术研究中普遍使用的"大五人格"分类法作为非认知能力的测度方法，包括严谨性、外向性、宜人性、开放性和情绪稳定性（见表5-1）。严谨性指个体尽责、自律、行事从容严谨等的程度。外向性指个体的交际能力和热心程度。宜人性指个体随和、信任他人和宽容的程度。开放性指个体的思维创造能力和好奇心程度。情绪稳定性指个体的抗压程度（Costa and McCrae，1992）。需要说明的是，构造户主非认知能力的相关问题包含两类：一类是CFPS问卷中的自评问题，占到相关问题的绝大多数，取值区间多为1~5分；另一类是由访问员评价的问题，仅占相关问题的少数，取值区间多为1~7，根据以往研究经验（李涛和张文韬，2015），对后者的取值范围进行了调整，使其得分区间也转化为1~5分，并将负向指标调整为正向指标。在户主的认知能力部分，为了与非认知能力保持可比性，也通过调整把取值范围转化到1~5分，认知能力和非认知能力变量赋值越大，相应维度的非认知能力表现越突出①。采用乐君杰和胡博文（2017）的研究方法使用加总平均得到认知能力和非认知能力的综合指标，并根据以能力为核心的人力资本理论（Heckman，2011；李晓曼等，2019a），借鉴王春超和张承莎（2019）的研究思路形成综合指标能力（Ability）代表户主人力资

---

① 由于两个年度的问卷在问题设计上存在一定的差异，在问法上仍有略微差异，笔者已尽力通过使用相同的问题来构建相应维度的变量，以确保两个年度的非认知能力变量具有最大的相似和可比性。

本水平。控制变量：本章还对其他一些相关变量进行控制，个人层面主要包括户主性别（男＝1，女＝0）、年龄（岁）、户口性质（城镇＝1，农村＝0），配偶情况（在婚＝1，不在婚＝0）、工作情况（有工作＝1，没工作＝0），家庭层面主要包括家庭规模、收入水平、现金及存款和老人抚养比等变量，并生成省份和时间变量来表示户主所在省份和访问时间。

表 5-1　非认知能力指标

维度	CFPS 中对应的题项
严谨性	受访者的衣着整洁程度（1~5，1分代表最差，5分代表最好）
	家庭内部的整洁程度（1~5，1分代表最差，5分代表最好）
宜人性	努力让别人喜欢自己（1~5，1分代表十分不同意，5分代表十分同意）
	人缘有多好（1~5，1分代表非常不好，5分代表非常好）
外向性	觉得自己有多幸福（1~5，1分代表最低，5分代表最高）
	大部分人乐于助人（1~5，1分代表十分不同意，5分代表十分同意）
情绪稳定性	感到紧张的频率（1~5，1分代表大多时候有，5分代表几乎没有）
	对自己未来信心程度（1~5，1分代表几乎没有，5分代表大多时候有）
开放性	相信预先计划会使事情做得更好（1~5，1分代表十分同意，5分代表十分不同意）
	传宗接代的重要程度（1~5，1分代表非常重要，5分代表不重要）

资料来源：笔者整理。

　　中介变量：旅游消费能力是人力资本影响旅游消费的重要作用渠道，本章将通过支付能力、休闲时间、消费技术和社交能力等方面对旅游消费能力渠道进行分析。支付能力方面主要包含收入和资产，参考周燕芳和刘小瑜（2020）和张传勇和王丰龙（2017）的做法，使用家庭人均收入和家庭总房产来代理支付能力。旅游消费技术主要是借鉴罗蓉等（2020）的方法，使用"家庭是否使用互联网"的虚拟变量，当家庭中至少有一人使用互联网时取 1，否则取 0。休闲时间方面，我们参考罗连化和周先波（2022）的方法，选择通过"每周工作时间"问题，构造 Worktime 代表工作时间，反向代表休闲时间，工作时间越长则代表休闲时间越短；反之亦然。社会交往能力变量选取主要参考周广肃等（2014）与韩雷和谷阳（2019）的做法，使用"礼金来往"，即家庭当年送出或收到的礼金和礼物

（折合为人民币）作为其拥有社会关系的代理变量。此外，考虑到受访者居住地的社会、经济、文化、自然环境对其家庭旅游消费水平可能也有影响，我们也控制了省份和年份固定效应。

（三）计量方程

本章研究目的是从微观层面研究人力资本对旅游消费的影响以及检验旅游消费能力作用渠道。考虑到总体样本为两年混合截面数据，且被解释变量Travel1 为二值离散变量，因此采用了 Probit 模型。在分析人力资本对旅游消费金额影响程度问题上，使用被解释变量 Travel2，Travel2 为连续变量。因此，选择混合截面数据 OLS 回归模型。在回归中，除了户主人力资本水平主要解释变量外，控制变量还包括居民的人口统计学特征（性别、年龄、婚姻状况、工作情况、户口状况和身体健康状况）、家庭特征（现金及存款、老人抚养比、收入水平和家庭人口）等变量，同时还控制了省份固定效应和时间固定效应。本章回归方程如下：

$$Pr(\text{Travel1}_{it}=1)=\phi(\alpha_0+t+\alpha_1 \text{ability}_{it}+\alpha_2 Z_{it}+\varepsilon_{it}) \tag{5-1}$$

$$\text{Travel2}_{it}=\alpha_3+t+\alpha_4 \text{ability}_{it}+\alpha_5 Z_{it}+\epsilon_{it} \tag{5-2}$$

式（5-1）和式（5-2）中：Travel1_{it} 为被解释变量家庭是否参与旅游消费，参加是 1，否则为 0。Travel2_{it} 为被解释变量家庭旅游消费支出，代表旅游消费参与程度；ability_{it} 为核心解释变量人力资本；Z_{it} 为性别、年龄、身体健康状况、婚姻状况、工作情况等控制变量；α_0、α_1、α_2、α_3、α_4、α_5 为待估计参数；ε_{it}、ϵ_{it} 为扰动项；i 为省份；t 为时间。

（四）描述性统计分析

1. 总体样本统计描述

表5-2 是全体户主样本的各变量的描述性统计结果。在全体户主样本中，通过剔除包含缺失值样本，最终总体户主数量为 18391，其中未进行旅游消费的户主有 14286 个，进行旅游消费的户主为 4105 个，整体旅游参与率较低。户主的人力资本整体水平高于平均水平，非认知能力平均水平高于认知能力，在新人力资本的七个维度中，高于一般水平的是严谨性、外向性、宜人性、情绪稳定性和词组记忆能力，低于一般水平的是开放性和数学计算能力。在高于一般水平的维度中，宜人性和严谨性最突出。其他方面，户主中女性占 48%，男女户主比重基本持平[①]。农村

[①] 由于问卷中没有户主问题，所以选择使用对家庭经济活动产生主要影响的财务管理人数据进行替代，所以与实际户主情况有些许不同。

户主占主体，占 70.85%。未婚的户主比例较低，占 13.31%，结婚的户主占多数。在工作方面，有工作的户主占主体，占 75.63%。自评健康水平处于中上，平均年龄在 51 岁，基本是三口之家，家庭 65 岁以上的男性或 60 岁以上的女性占比 20.7%。

表 5-2　总体样本统计描述

变量名	变量定义	观测值数	最小值	平均值	最大值	标准差
Travel1	是否旅游	18391	0.000	0.223	1.000	0.416
Ability	能力	18391	0.009	3.020	4.485	0.600
noncognitiveability	非认知能力	18391	1.000	3.554	5.000	0.524
cognitiveability	认知能力	18391	1.000	2.876	5.000	1.145
Strict_mean	严谨性	18391	1.000	3.991	5.000	0.947
Outing_mean	外向性	18391	1.000	3.398	5.000	1.278
Open_mean	开放性	18391	1.000	2.262	5.000	1.415
Empathy_mean	宜人性	18391	1.000	4.260	5.000	0.893
Neurotic_mean	情绪稳定性	18391	1.000	3.857	5.000	0.836
Word	词组记忆	18391	1.000	3.262	5.000	1.394
Math	数学计算	18391	1.000	2.489	5.000	1.085
Health	健康水平	18391	1.000	2.848	5.000	1.217
Job	工作情况	18391	0.000	0.756	1.000	0.429
Gender	性别	18391	0.000	0.520	1.000	0.500
Age	年龄	18391	16.000	51.190	95.000	13.627
Marriage	婚姻状态	18391	0.000	0.867	1.000	0.340
Cash	现金及存款	18391	0.000	6.194	13.305	5.021
Size	家庭规模	18391	1.000	3.478	16.000	1.821
Urban	户口	18391	0.000	0.292	1.000	0.455
Oldratio	老年抚养比	18391	0.000	0.207	1.000	0.332

资料来源：笔者测算。

2. 子样本描述统计

为了对比参与旅游消费居民与未参与旅游消费居民人力资本水平的差异，本章还对未参与旅游消费的家庭和参与旅游消费的家庭两类样本进行分析和比较。根据表 5-3 和表 5-4 可知，在人力资本水平方面，参与旅游消费行为的户主与未参与旅游消费的户主人力资本水平都处于平均水平之上，但参与旅游消费行为的户主人力资本水平高于未参与旅游消费的户主。参与旅游消费的户主的认知能力和非认知能力也都高于未参与的户主。而且，认知能力明显高于未参与旅游消费的户主。在人力资本的七个维度之中，参与旅游消费的户主在严谨性、外向性、宜人性、情绪稳定性、词组和数学能力都高于未参与旅游的户主。其他方面，在参与旅游的户主中，城市户口占54.93%，而在未参与旅游消费的户主中，城市户口占21.76%。参与旅游消费城市户主占比远高于未参与旅游消费的城市户主占比。同时，参与旅游的户主比未参与旅游消费的户主现金及存款更多，且具有较低的抚养压力。

表 5-3　出游描述性统计

变量名	观测值数	最小值	平均值	最大值	标准差
Travel2	4105	1.792	7.584	10.309	1.394
Ability	4105	0.382	3.296	4.485	0.538
noncognitiveability	4105	1.600	3.745	5.000	0.494
cognitiveability	4105	1.000	3.550	5.000	0.994
Strict_mean	4105	1.000	4.291	5.000	0.806
Outing_mean	4105	1.000	3.583	5.000	1.272
Open_mean	4105	1.000	2.598	5.000	1.454
Empathy_mean	4105	1.000	4.374	5.000	0.807
Neurotic_mean	4105	1.000	3.877	5.000	0.788
Word	4105	1.000	4.005	5.000	1.138
Math	4105	1.000	3.095	5.000	1.050
Health	4105	1.000	3.009	5.000	1.088
Job	4105	0.000	0.729	1.000	0.444
Gender	4105	0.000	0.490	1.000	0.500
Age	4105	18.000	48.153	89.000	13.829
Marriage	4105	0.000	0.879	1.000	0.326
Cash	4105	0.000	8.286	13.305	4.756
Size	4105	1.000	3.342	15.000	1.731
Urban	4105	0.000	0.549	1.000	0.498
Oldratio	4105	0.000	0.178	1.000	0.310

资料来源：笔者测算。

表 5-4　未出游描述性统计

变量名	观测值数	最小值	平均值	最大值	标准差
Ability	14286	0.009	2.941	4.380	0.593
noncognitiveability	14286	1.000	3.499	5.000	0.520
cognitiveability	14286	1.000	2.682	5.000	1.111
Strict_mean	14286	1.000	3.905	5.000	0.966
Outing_mean	14286	1.000	3.345	5.000	1.274
Open_mean	14286	1.000	2.166	5.000	1.388
Empathy_mean	14286	1.000	4.228	5.000	0.913
Neurotic_mean	14286	1.000	3.851	5.000	0.849
Word	14286	1.000	3.048	5.000	1.387
Math	14286	1.000	2.315	5.000	1.031
Health	14286	1.000	2.802	5.000	1.248
Job	14286	0.000	0.764	1.000	0.425
Gender	14286	0.000	0.529	1.000	0.499
Age	14286	16.000	52.063	95.000	13.443
Marriage	14286	0.000	0.863	1.000	0.343
Cash	14286	0.000	5.593	13.305	4.933
Size	14286	1.000	3.517	16.000	1.844
Urban	14286	0.000	0.218	1.000	0.413
Oldratio	14286	0.000	0.216	1.000	0.338

资料来源：笔者测算。

二、实证分析

（一）分维度回归

人力资本七大维度对旅游消费的影响。首先是非认知能力的五大维度对旅游消费决策的影响分析。根据表 5-5 的第（1）列和第（2）列回归结果可知，非认知能力中的严谨性、外向性、开放性和宜人性对参与旅游消费决策具有显著促进作用，情绪稳定性系数虽然不显著但正相关。在旅游消费支出方面，外向性不再显著，严谨性、开放性和宜人性对旅游消费参与程度作用突出；第（3）列和第（4）列是认知能力对旅游消费影响分析，根据回归结果可知，词组记忆和数学计算能力对旅游消费决策具有突出影响，而数学计算对旅游消费决策和参与程度影响更加显著；第（5）列和第（6）列将人力资本的七大维度放到回归方程中，其中，严谨性、开放性、宜人性、词组和数学水平对旅游消费决策影响依旧显著，推测原因是中国居民中具有严谨性、开放性和宜人性特点会更倾向参与旅游活动。具有严谨性旅游者做事更加严谨、认真，符合中国人的传统文化和做事风格，如准备充足的费用和制作出游攻略都可以提高旅游消费活动的可行性，促进居民进行旅游消费决策。具有开放性旅游者往往对外界更有探索精神，更倾向于通过旅游了解其他地区的风土人情。宜人性特点的旅游者更考虑他人感受，顾及他人和自己的面子问题，往往更难拒绝广告和推销，容易听从别人的建议参与旅游活动和进行消费。认知中的词组记忆和数学能力强的人，他们对旅游产品和旅游预算更加清晰，更有利于提高旅游消费的理性化。在旅游消费参与程度方面，严谨性、宜人性、词组记忆和数学计算对旅游消费参与程度影响依旧显著，开放性对旅游参与决策影响显著，对旅游消费参与程度影响不再显著，推测原因是开放性特点会让旅游者产生旅游消费的倾向，但旅游消费程度的高低受到更多因素的影响，开放性在旅游消费程度方面的作用就不再突出。值得注意的是，宜人性对旅游消费参与决策和旅游消费程度都具有显著的影响，这和中国传统"面子消费"文化相符，在旅游消费中人们常常为了顾全自己和他人"面子"而进行非理性购物行为。回归结果说明居民旅游消费的参与决策和消费程度都会受到认知能力与非认知能力不同维度的影响，中国家庭旅游消费中存在的面子消费文化特点也在家庭追踪调查数据中得到证实。

表5-5　分维度户主人力资本对旅游消费影响

变量	（1）Travel1	（2）Travel2	（3）Travel1	（4）Travel2	（5）Travel1	（6）Travel2
Strict_mean	0.037 *** (0.003)	0.196 *** (0.026)			0.027 *** (0.003)	0.163 *** (0.026)
Outing_mean	0.005 ** (0.003)	−0.003 (0.018)			0.002 (0.003)	−0.014 (0.018)
Open_mean	0.014 *** (0.002)	0.047 *** (0.015)			0.006 *** (0.002)	0.025 (0.016)
Empathy_mean	0.022 *** (0.003)	0.081 *** (0.027)			0.020 *** (0.003)	0.074 *** (0.027)
Neurotic_mean	0.001 (0.004)	0.037 (0.029)			0.001 (0.004)	0.033 (0.029)

续表

变量	（1）Travel1	（2）Travel2	（3）Travel1	（4）Travel2	（5）Travel1	（6）Travel2
Word			0.030 *** （0.003）	0.128 *** （0.025）	0.025 *** （0.003）	0.106 *** （0.025）
Math			0.043 *** （0.004）	0.131 *** （0.028）	0.040 *** （0.004）	0.120 *** （0.028）
Health	0.008 *** （0.003）	0.002 （0.019）	0.012 *** （0.002）	0.025 （0.019）	0.009 *** （0.003）	0.008 （0.019）
Job	0.003 （0.007）	−0.154 *** （0.056）	0.001 （0.007）	−0.173 *** （0.056）	0.002 （0.007）	−0.168 *** （0.055）
Gender	0.002 （0.006）	−0.072 * （0.041）	−0.024 *** （0.006）	−0.134 *** （0.041）	−0.017 *** （0.006）	−0.107 *** （0.041）
Age	−0.004 *** （0.000）	−0.003 （0.002）	−0.001 *** （0.000）	0.006 ** （0.002）	−0.001 *** （0.000）	0.005 ** （0.002）
Marriage	0.006 （0.009）	0.202 *** （0.066）	0.003 （0.009）	0.200 *** （0.066）	−0.002 （0.009）	0.180 *** （0.066）
Cash	0.010 *** （0.001）	0.021 *** （0.004）	0.009 *** （0.001）	0.020 *** （0.004）	0.008 *** （0.001）	0.019 *** （0.004）
Size	−0.0001 （0.002）	0.0001 （0.012）	0.001 （0.002）	0.006 （0.012）	0.001 （0.002）	0.009 （0.012）
Urban	0.173 *** （0.006）	0.714 *** （0.045）	0.133 *** （0.007）	0.598 *** （0.047）	0.127 *** （0.007）	0.576 *** （0.046）
Oldratio	0.004 （0.012）	−0.234 *** （0.089）	−0.002 （0.012）	−0.272 *** （0.090）	−0.0001 （0.012）	−0.254 *** （0.089）
Constant		5.713 *** （0.293）		5.912 *** （0.259）		4.897 *** （0.307）
N	18388	4105	18388	4105	18388	4105
R-squared		0.197		0.201		0.212

注：括号中为标准误；*、**、***分别表示在10%、5%、1%水平上显著。

资料来源：笔者测算。

（二）总体回归

模型的总体回归结果如表5-6所示，第（1）列和第（2）列将认知能力和非认知能力同时放到回归模型中，结果显示，认知能力与非认知能力对家庭旅游消费选择和旅游消费参与程度均在1%水平上显著，认知能力和非认知能力不仅对旅游消费的决策具有突出作用，而且对促进旅游消费金额的增加作用也十分明显。第（3）列和第（4）列结果与前文理论分析保持一致，可以看出，户主的人力资本水平对家庭旅游消费决策和参与程度的促进作用也很显著。这说明户主人力资本水平不仅影响家庭的旅游消费参与决策也对旅游消费活动参与程度产生影响，证明了人力资本提高对旅游消费具有重要推动作用。

表 5-6　户主人力资本水平对家庭旅游消费的影响

变量	（1）	（2）	（3）	（4）
	Travel1	Travel2	Travel1	Travel2
Ability			0. 104 ***	0. 398 ***
			(0. 006)	(0. 043)
noncognitiveability	0. 049 ***	0. 204 ***		
	(0. 006)	(0. 043)		
cognitiveability	0. 065 ***	0. 234 ***		
	(0. 003)	(0. 027)		
Job	0. 002	−0. 175 ***	0. 001	−0. 174 ***
	(0. 007)	(0. 055)	(0. 007)	(0. 056)
Gender	−0. 020 ***	−0. 117 ***	−0. 011 *	−0. 105 ***
	(0. 006)	(0. 041)	(0. 006)	(0. 041)
Age	−0. 002 ***	0. 005 **	−0. 003 ***	−0. 001
	(0. 000)	(0. 002)	(0. 000)	(0. 002)
Marriage	−0. 0001	0. 191 ***	0. 001	0. 197 ***
	(0. 009)	(0. 066)	(0. 009)	(0. 067)
Cash	0. 008 ***	0. 018 ***	0. 009 ***	0. 021 ***
	(0. 001)	(0. 004)	(0. 001)	(0. 004)
Size	0. 001	0. 009	0. 0001	0. 002
	(0. 002)	(0. 012)	(0. 002)	(0. 012)
Urban	0. 130 ***	0. 580 ***	0. 161 ***	0. 674 ***
	(0. 006)	(0. 046)	(0. 006)	(0. 045)
Oldratio	−0. 004	−0. 277 ***	−0. 0001	−0. 266 ***
	(0. 012)	(0. 090)	(0. 012)	(0. 090)
Constant		5. 271 ***		5. 816 ***
		(0. 292)		(0. 272)
N	18388	4105	18388	4105
R-squared		0. 205		0. 198

注：括号中为标准误；＊、＊＊、＊＊＊分别表示在10%、5%、1%水平上显著。

资料来源：笔者测算。

三、内生性分析

表 5-6 汇报的结果可能存在内生性问题，由于实证中增加了个人、家庭层面控制变量并构造省份和时间变量进行控制，判断主要内生性来自反向因果和选择性偏差。反向因果问题是指户主的人力资本水平不仅可以影响家庭旅游消费，家庭的旅游消费也会对户主的人力资本水平产生影响。

为了克服反向因果造成的内生性问题，本章选择了两种方法进行内生性检验。

首先，本章采取了工具变量法解决内生性问题，参考陈博欧和张锦华（2021）、程虹和李唐（2017）选取工具变量的思路，选择样本同户籍所在省份居民的平均人力资本水平（*Abiliy_mean*）作为个体人力资本的工具变量。从理论上分析，一方面，同一户籍地的居民由于地区历史文化、习俗、地理特征等方面的因素相似，且早期成长的环境也比较接近，存在一定的同群效应，其在人力资本水平上往往会存在较强的关联性。另一方面，该变量反映的是群体层面的特征，与样本个体的旅游消费并无直接的关联，因此在理论上满足工具变量的相关性与外生性要求。根据表 5-7 中第一阶段回归结果的系数在 1% 的显著性水平下显著为正，证明其与样本人力资本水平高度相关，满足工具变量的相关性条件，并且通过第一阶段中的检验，得到 F 统计量大于 10，显示不存在弱工具变量的问题。第二阶段估计结果显示，人力资本变量的估计系数、显著性与基准回归结果基本一致。这证明了居民人力资本水平对其旅游消费的正向影响较为稳健。

表 5-7　工具变量检验

变量	工具变量第一阶段	工具变景第二阶段
Ability	0.649 *** （0.038）	
Ability_mean		0.677 *** （0.167）
控制变量	控制	控制
观测值	4105	4105
Adj. R²	0.217	0.217
Kleibergen-Paap Wald rk F	294.215	

注：括号里为标准误：*、**、***分别表示在10%、5%、1%水平上显著。

资料来源：笔者测算。

其次，为了克服由样本选择偏差问题造成的内生性问题，本章还使用 heckman 两步法来进行检验，通过回归结果可以看出，人力资本水平对旅游消费决策和旅游消费参与程度都有着显著的促进作用，这与表 5-6 结果保持一致。从表 5-8 回归结果中可以发现，IMR 系数并不显著，这充分证明了没有样本选择偏差问题。

表 5-8　heckman 两步法检验

变量	Travel1	Travel2
Ability	0. 225 ***	0. 437 ***
	（0. 024）	（0. 160）
IMR		0. 775
		（0. 507）
Health	0. 012	−0. 001
	（0. 010）	（0. 020）
Job	0. 006	−0. 182 ***
	（0. 030）	（0. 056）
Gender	−0. 044 *	−0. 130 ***
	（0. 024）	（0. 044）
Age	−0. 013 ***	−0. 008
	（0. 001）	（0. 005）
Marriage	0. 004	0. 203 ***
	（0. 036）	（0. 067）
Cash	0. 037 ***	0. 042 ***
	（0. 002）	（0. 014）
Size	0. 0001	0. 001
	（0. 007）	（0. 012）
Urban	0. 655 ***	1. 035 ***
	（0. 027）	（0. 239）
Oldratio		−0. 269 ***
		（0. 090）
Constant	−1. 429 ***	4. 324 ***
	（0. 166）	（0. 996）
N	18388	4103
R-squared		0. 197

　　注：括号中为标准误；* 、* * 、* * *分别表示在 10%、5%、1%水平上显著。

　　资料来源：笔者测算。

四、稳健性分析

为了检验回归结果的稳健性，本章选择了三种方法，一是选择教育变量（Edu）替换能力（Ability）。二是分别选取 2014 年样本替换总体样本。三是使用熵值法重新构造人力资本水平。表 5-9 的第（1）列和第（2）列是使用受教育年限传统人力资本代理变量对能力变量进行替换，结果显示户主受教育年限对家庭旅游消费具有显著的促进作用；第（3）列和第（4）列是对 2014 年的样本进行检验，结果与总样本回归结果一致；第（5）列和第（6）列是通过熵值法构造的人力资本变量 Ability2 对旅游消费回归的结果，与前文回归结果一致。因此，可以说本章结论比较稳健。

表 5-9　稳健性分析

变量	（1）	（2）	（3）	（4）	（5）	（6）
	Travel1	Travel2	Travel1	Travel2	Travel1	Travel2
Ability			0.098*** (0.008)	0.388*** (0.067)		
Edu	0.018*** (0.001)	0.079*** (0.006)				
Health	0.011*** (0.002)	0.025 (0.019)	0.004 (0.003)	0.009 (0.029)	0.150*** (0.010)	0.230*** (0.019)
Job	−0.003 (0.007)	−0.200*** (0.055)	0.014 (0.010)	−0.202** (0.085)	0.016 (0.030)	−0.158*** (0.056)
Gender	−0.027*** (0.006)	−0.157*** (0.040)	−0.010 (0.008)	−0.172*** (0.059)	−0.031 (0.024)	−0.094** (0.041)
Age	−0.002*** (0.000)	0.006*** (0.002)	−0.003*** (0.000)	−0.000 (0.003)	−0.011*** (0.001)	0.001 (0.002)
Marriage	0.003 (0.009)	0.203*** (0.065)	−0.010 (0.012)	0.151 (0.097)	0.047 (0.036)	0.220*** (0.066)
Cash	0.009*** (0.001)	0.018*** (0.004)	0.008*** (0.001)	0.013** (0.006)	0.038*** (0.002)	0.020*** (0.004)
Size	0.002 (0.002)	0.012 (0.012)	−0.002 (0.003)	−0.011 (0.020)	0.003 (0.007)	0.004 (0.012)
Urban	0.123*** (0.007)	0.493*** (0.048)	0.152*** (0.009)	0.610*** (0.069)	0.632*** (0.027)	0.673*** (0.046)

续表

变量	(1)	(2)	(3)	(4)	(5)	(6)
	Travel1	Travel2	Travel1	Travel2	Travel1	Travel2
Oldratio	0.017	−0.223**	0.006	−0.277**	−0.010	−0.263***
	(0.012)	(0.089)	(0.016)	(0.139)	(0.048)	(0.090)
Ability2					1.061***	0.878***
					(0.062)	(0.116)
Constant		6.082***		5.947***	−0.886***	6.462***
		(0.238)		(0.366)	(0.156)	(0.244)
N	18387	4104	9241	1846	18388	4105
R−squared		0.215		0.181		0.191

注：括号中为标准误；*、**、***分别表示在10%、5%、1%水平上显著。

资料来源：笔者测算。

五、异质性分析

不同性别、城乡户籍和工作状态的群体通常对旅游消费具有不同态度和消费特点，其人力资本水平对参与旅游消费活动影响也具有较强异质性。首先，性别的不同往往会形成不同的经济活动特征，在经济社会中女性可能更倾向参与享受型消费活动。鉴于此，本章将男性赋值为1，女性赋值为0。其次，由于我国户籍制度的原因，城市户籍能够给居民带来更多的社会福利和保障，城市户籍居民可能有机会享受更多的服务和提高收入的机会。因此，在不同户籍情况下，居民的人力资本水平对旅游消费影响不同。鉴于此，本章将城市户籍赋值为1，农村户籍赋值为0。最后，处于不同工作状态的居民，经济活动一般也体现出不同的特点，相比没有工作的居民，有工作的居民一般拥有较稳定的收入。因此，不同工作状态下人力资本对旅游消费可能存在不同影响。鉴于此，本章将处于工作状态赋值为1，处于非工作状态赋值为0。

为了验证不同性别、户籍和工作状态居民人力资本对旅游消费的差异性，本章构造了性别与人力资本、户籍与人力资本和工作状态与人力资本的交互项，并将其分别加入回归方程中，表5-10给出了相应的回归结果。如表5-10所示，在考虑了性别、户籍和工作状态与人力资本的交互项之后，居民人力资本对其家庭旅游消费的影响因性别、户籍和工作状态不同而有差异。结果显示女性、城市户籍和有工作的居民会更倾向参与旅游活动。

表5-10 不同性别、户籍和工作状态户主人力资本对旅游消费的影响

变量	(1)	(2)	(3)
	Travel1	Travel1	Travel1
Ability	0.472***	0.072***	0.073***
	(0.032)	(0.006)	(0.010)
Gender_Ability	-0.093**		
	(0.042)		
Health	0.012	0.002	0.002
	(0.010)	(0.002)	(0.002)
Job	0.006	0.009	-0.091***
	(0.030)	(0.008)	(0.031)
Gender	0.249*	-0.011*	-0.014**
	(0.135)	(0.006)	(0.006)
Age	-0.013***	-0.004***	-0.003***
	(0.001)	(0.000)	(0.000)
Marriage	0.003	-0.004	-0.002
	(0.036)	(0.008)	(0.008)
Cash	0.037***	0.009***	0.009***
	(0.002)	(0.001)	(0.001)
Size	0.0001	-0.001	-0.001
	(0.007)	(0.002)	(0.002)
Urban	0.654***	-0.102***	0.199***
	(0.027)	(0.037)	(0.008)
Oldratio	0.001	0.009	0.010
	(0.048)	(0.011)	(0.011)
Urban_Ability		0.095***	
		(0.012)	
Job_Ability			0.035***
			(0.011)
Constant	-1.580***	0.268***	0.274***
	(0.180)	(0.050)	(0.056)
N	18388	18391	18391
R-squared	0.210	0.186	0.183

注：括号中为标准误；*、**、***分别表示在10%、5%、1%水平上显著。

资料来源：笔者测算。

除了对不同群体进行异质性分析，本章还利用无条件分位数回归检验户主人力资本水平对于家庭旅游消费的异质性影响。表5-7的第（1）列到第（9）列分别是10%~90%分位点上的家庭旅游消费支出水平。从参数估计值上看，人力资本的系数在中低旅游消费水平较高并随着分位点的上升呈现出"下降—上升—下降—上升"的非线性变动趋势，该趋势有些类似于W型结构，而30%和70%分位点是向上或向下偏折的拐点。从异质性特征来看，80%的估计值为0.371（P<0.01），低于10%分位点的0.512（P<0.01），表明与较高家庭旅游消费支出相比，人力资本对于低分位点上的家庭旅游消费支出具有更强的促进作用，提升中低水平旅游消费家庭的人力资本水平对促进整体旅游消费增加意义突出。这可能是因为中低旅游消费水平的家庭并不富裕，但消费意愿较强，人力资本提升可以更加显著地促进家庭进行旅游消费，满足其旅游消费的需求。

表5-11　人力资本对家庭旅游消费异质性影响

变量	（1）	（2）	（3）	（4）	（5）	（6）	（7）	（8）	（9）
	10%	20%	30%	40%	50%	60%	70%	80%	90%
Ability	0.512***	0.343***	0.288***	0.454***	0.379***	0.379***	0.315***	0.371***	0.177**
	(0.094)	(0.073)	(0.047)	(0.140)	(0.054)	(0.058)	(0.056)	(0.076)	(0.089)
Health	−0.014	−0.013	−0.002	−0.049	−0.028	−0.064**	−0.063**	−0.095***	−0.037
	(0.039)	(0.027)	(0.021)	(0.038)	(0.024)	(0.027)	(0.025)	(0.034)	(0.033)
Job	−0.091	−0.090	−0.163***	−0.222**	−0.162**	−0.205**	−0.215***	−0.240**	−0.203**
	(0.111)	(0.081)	(0.058)	(0.097)	(0.065)	(0.081)	(0.078)	(0.093)	(0.091)
Gender	−0.005	−0.034	−0.030	−0.128	−0.070	−0.084	−0.117**	−0.082	−0.104
	(0.080)	(0.055)	(0.042)	(0.085)	(0.050)	(0.061)	(0.055)	(0.070)	(0.065)
Age	−0.013***	−0.007**	−0.004*	0.003	0.003	0.005*	0.006**	0.005	0.002
	(0.004)	(0.003)	(0.002)	(0.005)	(0.003)	(0.003)	(0.003)	(0.003)	(0.003)
Marriage	0.293**	0.167*	0.056	0.127	0.111	0.194**	0.238***	0.234**	0.230**
	(0.137)	(0.095)	(0.066)	(0.110)	(0.081)	(0.091)	(0.089)	(0.110)	(0.097)
Cash	0.034***	0.028***	0.014***	0.033**	0.025***	0.030***	0.033***	0.035***	0.026***
	(0.009)	(0.006)	(0.004)	(0.013)	(0.005)	(0.006)	(0.006)	(0.007)	(0.007)
Size	0.021	0.030*	0.012	0.025	0.020	−0.014	−0.027	−0.015	0.002
	(0.024)	(0.016)	(0.013)	(0.022)	(0.015)	(0.017)	(0.017)	(0.020)	(0.019)
Urban	0.554***	0.460***	0.460***	0.780***	0.654***	0.853***	0.814***	0.951***	0.641***
	(0.087)	(0.102)	(0.057)	(0.247)	(0.065)	(0.073)	(0.070)	(0.109)	(0.092)

续表

变量	（1） 10%	（2） 20%	（3） 30%	（4） 40%	（5） 50%	（6） 60%	（7） 70%	（8） 80%	（9） 90%
Oldratio	−0.062 (0.174)	−0.093 (0.118)	−0.168* (0.089)	−0.303* (0.170)	−0.277*** (0.103)	−0.332*** (0.126)	−0.158 (0.125)	−0.076 (0.152)	0.114 (0.168)
Constant	4.063*** (0.438)	5.138*** (0.323)	6.019*** (0.229)	4.994*** (0.802)	6.014*** (0.261)	6.241*** (0.289)	6.797*** (0.271)	6.881*** (0.317)	8.128*** (0.309)
N	4105	4105	4105	4105	4105	4105	4105	4105	4105
R-squared	0.045	0.055	0.067	0.086	0.084	0.096	0.101	0.088	0.060

注：括号中为标准误；*、**、***分别表示在10%、5%、1%水平上显著。

资料来源：笔者测算。

第二节　人力资本对旅游消费的机制分析

上节分析可以证明居民的人力资本水平对旅游消费的选择和参与程度具有显著的正向影响，这个结果是比较稳健的。机制检验部分，在人力资本对旅游消费产生影响的基础上，将作用机制加入回归方程中，检验居民人力资本水平对家庭旅游消费的作用渠道。根据理论分析可知，旅游消费能力是人力资本影响旅游消费行为的重要渠道。因此，本节从旅游支付能力、旅游消费技术、休闲时间和社交能力四个方面检验人力资本对旅游消费影响过程中可能存在的作用机制。

一、支付能力

（一）居民收入

随着人们对认知和非认知能力的重视，用工单位也不断提高对员工能力的考察，在面试和考核过程中，员工的认知和非认知能力占重要的分值。已有研究证明了学历并不是用人单位考虑的最重要部分，用人单位对应聘者的严谨度和宜人度有偏好，非认知能力对收入有着重要影响（李晓曼等，2019a）。因此，本节推测居民收入是人力资本作用旅游消费行为的作用机制。

在CFPS数据库中，参考周燕芳和刘小瑜（2020）的方法，选择家庭每年的总收入进行取对数处理，记作变量Income。根据表5-12汇报的回归结果可知，第（3）列中控制了家庭收入后，户主的人力资本对旅游消费决策的促进作用有所降低，系数从 0.425 降低到 0.393，这说明当控制了家庭收入之后，户主的人力资本促进家庭进行旅游消费决策概率有所下降，收入是部分中介作用机制。第（6）列中控制了家庭收入之后，户主的人力资本促进家庭参与旅游程度的水平有所下降，系数从 0.405 降低到 0.375。因此，收入是户主人力资本影响旅游消费水平的部分中介作用机制。实证结果证明了家庭收入在居民人力资本对家庭旅游消费影响过程中存在中介作用。一方面，户主的人力资本水平对家庭旅游消费有着直接正效应，即户主的人力资本水平有助于促进家庭旅游决策并提高旅游消费参与的程度。另一方面，户主的人力资本水平可以通过家庭收入对家庭旅游产生间接正效应，即户主的人力资本水平可以通过提高家庭收入来促进旅游消费决策和提高旅游消费程度。因为，人力资本水平提高会有利于收入的增加，居民收入水平提高，对物质生活的需求得到更好的满足，也为精神生活需求的满足创造了物质条件。旅游是追求自由、体现个性的最佳方式。旅游对满足精神需求的独特功能，能够促进居民旅游动机形成，优化家庭消费结构，提高家庭参与旅游消费决策的概率。所以，人力资本水平会提高家庭消费能力，居民收入的提高会全面提升家庭消费水平，带动消费升级，增加旅游消费金额，提升家庭旅游消费的参与程度。

表 5-12　居民收入的中介效应

变量	（1）	（2）	（3）	（4）	（5）	（6）
	Travel1	Income	Travel1	Travel2	Income	Travel2
Income			0.111***			0.094***
			(0.013)			(0.017)
Ability	0.425***	0.317***	0.393***	0.405***	0.317***	0.375***
	(0.024)	(0.047)	(0.024)	(0.043)	(0.047)	(0.043)
Health	0.012	0.002	0.012	-0.013	0.002	-0.014
	(0.010)	(0.021)	(0.010)	(0.019)	(0.021)	(0.019)
Job	0.006	-0.093	0.013	-0.168***	-0.093	-0.159***
	(0.030)	(0.057)	(0.030)	(0.056)	(0.057)	(0.055)
Gender	-0.044*	-0.031	-0.040*	-0.104**	-0.031	-0.101**
	(0.024)	(0.047)	(0.024)	(0.041)	(0.047)	(0.040)
Age	-0.013***	0.008***	-0.014***	-0.0001	0.008***	-0.001
	(0.001)	(0.002)	(0.001)	(0.002)	(0.002)	(0.002)

续表

变量	（1）Travel1	（2）Income	（3）Travel1	（4）Travel2	（5）Income	（6）Travel2
Cash	0.037*** (0.002)	0.028*** (0.005)	0.034*** (0.003)	0.021*** (0.004)	0.028*** (0.005)	0.019*** (0.004)
Size	0.0001 (0.007)	0.118*** (0.013)	-0.015** (0.007)	0.013 (0.012)	0.118*** (0.013)	0.001 (0.012)
Urban	0.655*** (0.027)	0.408*** (0.056)	0.595*** (0.027)	0.675*** (0.045)	0.408*** (0.056)	0.636*** (0.046)
Oldratio	-0.001 (0.048)	-0.454*** (0.078)	0.056 (0.049)	-0.276*** (0.090)	-0.454*** (0.078)	-0.233*** (0.089)
Constant	-1.428*** (0.166)	9.027*** (0.252)	-2.427*** (0.204)	5.916*** (0.270)	9.027*** (0.252)	5.064*** (0.312)
N	18388	4105	18388	4105	4105	4105
R-squared		0.127		0.196	0.127	0.205

注：括号中为标准误；*、**、***分别表示在10%、5%、1%水平上显著。

资料来源：笔者测算。

（二）家庭资产

已有文献指出，户主的人力资本水平对家庭资产选择具有显著的影响（崔颖，2019），个人的认知和非认知能力影响着户主的风险偏好，资产配置也体现出不同的风格。一般来说，非认知能力中严谨性较高的户主可能会提高房产的占比，而开放性较高的户主会增加金融资产的占比。而且，家庭资产，尤其是房产对旅游消费的影响也不可忽视。因此，本节推测家庭资产是人力资本影响旅游消费的作用机制。根据问卷中的问题，参考张传勇和王丰龙（2017）做法，本节使用家庭总房产来代表家庭对固定资产的投入，并对其进行取对数处理，记作变量HAsset。

表5-13汇报了家庭资产作用机制检验的回归结果。在第（3）列中，控制了家庭总房产之后，户主的人力资本水平对旅游消费的影响显著降低，系数从0.425降低到0.408，可以看出，当控制了家庭总房产之后，户主的人力资本水平对家庭旅游消费决策的作用有所下降，家庭总房产是部分作用机制。在第（6）列中，回归中控制了家庭总房产之后，户主的人力资本水平对家庭参与旅游消费的程度有所下降，系数从0.405降低到0.390，可以看出，当控制了家庭

总房产之后，户主的人力资本水平对家庭旅游消费的参与程度的影响有所减小，家庭总房产在户主人力资本对家庭旅游消费的过程中起到部分中介作用。实证结果证明了家庭总房产在居民人力资本对家庭旅游消费影响过程中存在中介作用。一方面，户主的人力资本水平对家庭旅游消费有着直接正效应，即户主的人力资本水平有助于提高家庭旅游决策并促进旅游消费参与的程度。另一方面，户主的人力资本水平可以通过家庭总房产对家庭旅游产生间接正效应，即户主的人力资本水平可以通过提高家庭总房产来促进旅游消费决策和提高旅游消费程度。因为，户主人力资本水平提高有利于家庭总房产的增加，居民非认知能力中的利他性和严谨性会促使居民为子女和父母储存更多的固定财富。受到中国传统文化和现实需求影响，房子对家庭归属感和认同感意义重大，是家庭重要的固定资产，拥有房子尤其是在人口密集的地区购买房产，成为子女未来生活无忧和父母老有所居的重要保障。而拥有房产的家庭会因房子产生的财富效应而促进居民旅游动机形成，减少对不确定性带来的消费顾虑，提高家庭参与旅游消费决策的概率。所以，居民收入和家庭资产增加会提高家庭旅游消费的支付能力，促进家庭参与旅游消费活动和提升旅游消费水平，带动居民家庭消费升级。

表 5-13　固定资产的中介作用

变量	(1) Travel1	(2) HAsset	(3) Travel1	(4) Travel2	(5) HAsset	(6) Travel2
HAsset			0.042 *** (0.005)			0.048 *** (0.007)
Ability	0.425 *** (0.024)	0.468 *** (0.040)	0.408 *** (0.024)	0.405 *** (0.043)	0.468 *** (0.040)	0.390 *** (0.042)
Health	0.012 (0.010)	0.028 (0.017)	0.011 (0.010)	−0.013 (0.019)	0.028 (0.017)	−0.012 (0.019)
Job	0.006 (0.030)	−0.025 (0.054)	0.007 (0.030)	−0.168 *** (0.056)	−0.025 (0.054)	−0.172 *** (0.055)
Gender	−0.044 * (0.024)	−0.217 *** (0.044)	−0.035 (0.024)	−0.104 ** (0.041)	−0.217 *** (0.044)	−0.092 ** (0.040)
Age	−0.013 *** (0.001)	0.019 *** (0.002)	−0.014 *** (0.001)	−0.000 (0.002)	0.019 *** (0.002)	−0.002 (0.002)
Cash	0.037 *** (0.002)	0.025 *** (0.005)	0.036 *** (0.002)	0.021 *** (0.004)	0.025 *** (0.005)	0.020 *** (0.004)

续表

变量	（1）	（2）	（3）	（4）	（5）	（6）
	Travel1	HAsset	Travel1	Travel2	HAsset	Travel2
Size	0.0001 （0.007）	0.243*** （0.012）	−0.010 （0.007）	0.013 （0.012）	0.243*** （0.012）	−0.003 （0.012）
Urban	0.655*** （0.027）	0.645*** （0.057）	0.628*** （0.027）	0.675*** （0.045）	0.645*** （0.057）	0.636*** （0.045）
Oldratio	−0.001 （0.048）	−0.608*** （0.083）	0.020 （0.048）	−0.276*** （0.090）	−0.608*** （0.083）	−0.244*** （0.089）
Constant	−1.428*** （0.166）	5.901*** （0.625）	−1.673*** （0.172）	5.916*** （0.270）	5.901*** （0.625）	5.677*** （0.271）
N	18388	18391	18388	4105	4105	4105
R-squared		0.137		0.196	0.137	0.206

注：括号中为标准误；*、**、***分别表示在10%、5%、1%水平上显著。

资料来源：笔者测算。

二、消费技术

数字经济的发展使人们的生产生活方式发生了巨大的转变，尤其是互联网的使用提升了居民旅游消费技术，改变了人们收集信息和支付的方式，大大提高了人们消费选择和消费决策的效率。互联网的精准推广和便捷的支付方式对旅行社有着天然的吸引力，线上旅游消费的流行体现了互联网对旅游消费的全面影响。由于互联网使用具有一定的门槛，一般教育水平较高和探索欲更强的人群对互联网的使用更加频繁，所以个体的认知能力和非认知能力对互联网消费技术方面也产生一定的影响。因此，本章推测互联网使用是人力资本影响旅游消费的作用机制。

根据 CFPS 问卷，借鉴罗蓉等（2020）的方法，使用"家庭是否使用互联网？"问题构造 Internet 变量，当家庭中至少有一人使用互联网时取1，否则取0。由表5-14可知，第（3）列中控制了互联网使用情况后，户主的人力资本对旅游决策的促进作用有所降低，人力资本系数从0.425下降到0.342，这说明当控制了互联网变量之后，户主的人力资本促进家庭进行旅游消费决策概率有所下降，互联网使用是部分中介作用机制。第（6）列中控制了家庭互联网使用之

后，户主的人力资本促进家庭参与旅游程度的水平有所下降，人力资本系数从
0.405下降到0.338。因此，互联网使用也是户主人力资本影响旅游消费水平的
部分中介作用机制。实证结果证明了家庭互联网使用情况在居民人力资本对家庭
旅游消费影响过程中存在中介作用。一方面，户主的人力资本水平对家庭旅游消
费有着直接正效应，即户主的人力资本水平有助于促进家庭旅游决策并提高旅游
消费参与的程度。另一方面，户主的人力资本水平可以通过互联网使用对家庭旅
游产生间接正效应，即户主的人力资本水平可以通过提高互联网使用来促进旅游
消费决策和提高旅游消费程度。因为，个体人力资本水平较高提高互联网使用的
可能性，一般教育水平较高的群体在生活和工作中使用互联网的频率也更高，通
常具有较高的互联网使用技术。同时，互联网为旅游者提供了广阔的信息渠道，
可以促进旅游者形成旅游偏好进而促进旅游动机的形成，并且可以通过互联网提
前订票和支付，确定旅游行程，降低旅游不确定性。所以，消费技术的提升进一
步促进旅游消费并加深了旅游消费参与度。

表5-14　互联网使用的中介效应

变量	(1) Travel1	(2) Internet	(3) Travel1	(4) Travel2	(5) Internet	(6) Travel2
Internet			0.585 *** (0.028)			0.469 *** (0.053)
Ability	0.425 *** (0.024)	0.622 *** (0.025)	0.342 *** (0.024)	0.405 *** (0.043)	0.622 *** (0.025)	0.338 *** (0.043)
Health	0.012 (0.010)	-0.052 *** (0.011)	0.020 * (0.010)	-0.013 (0.019)	-0.052 *** (0.011)	-0.009 (0.019)
Job	0.006 (0.030)	0.022 (0.033)	0.003 (0.031)	-0.168 *** (0.056)	0.022 (0.033)	-0.163 *** (0.055)
Gender	-0.044 * (0.024)	0.146 *** (0.025)	-0.065 *** (0.024)	-0.104 ** (0.041)	0.146 *** (0.025)	-0.117 *** (0.040)
Age	-0.013 *** (0.001)	-0.074 *** (0.001)	-0.002 (0.001)	-0.0001 (0.002)	-0.074 *** (0.001)	0.009 *** (0.002)
Cash	0.037 *** (0.002)	0.029 *** (0.003)	0.034 *** (0.003)	0.021 *** (0.004)	0.029 *** (0.003)	0.019 *** (0.004)
Size	0.0001 (0.007)	-0.051 *** (0.007)	0.008 (0.007)	0.013 (0.012)	-0.051 *** (0.007)	0.022 * (0.012)

续表

变量	（1）	（2）	（3）	（4）	（5）	（6）
	Travel1	Internet	Travel1	Travel2	Internet	Travel2
Urban	0.655 ***	0.763 ***	0.555 ***	0.675 ***	0.763 ***	0.611 ***
	（0.027）	（0.030）	（0.027）	（0.045）	（0.030）	（0.045）
Oldratio	−0.001	0.111 **	−0.034	−0.276 ***	0.111 **	−0.267 ***
	（0.048）	（0.054）	（0.048）	（0.090）	（0.054）	（0.089）
Constant	−1.428 ***	1.003 ***	−1.955 ***	5.916 ***	1.003 ***	5.466 ***
	（0.166）	（0.197）	（0.171）	（0.270）	（0.197）	（0.271）
N	18388	18388	18388	4105	4105	4105
R-squared				0.196		0.212

注：括号中为标准误；*、**、***分别表示在10%、5%、1%水平上显著。

资料来源：笔者测算。

三、休闲时间

人们常说："有钱有闲才能旅游"，可见休闲时间对旅游消费的重要性，尤其是随着生活节奏加快，居民收入水平不断提高，"有闲"越来越成为出行旅游消费的重要能力体现。人力资本不仅包含了个人的学习、理解和计算能力还包含着非认知能力，影响个体协调休闲时间和工作时间的能力。旅游活动是体现个人生活态度的重要方式，也是休闲活动中重要的选择。因此，本节推测休闲时间是人力资本影响旅游消费的作用机制。在 CFPS 问卷中，我们参考罗连化和周先波（2022）的方法，选择通过"每周工作时间"问题，构造 Worktime 代表工作时间，反向代表休闲时间，工作时间越长则代表休闲时间越短；反之亦然。

根据表 5-15 可以看出户主工作时间在户主人力资本对家庭旅游消费决策的影响中作用并不显著。值得注意的是，工作时间对旅游消费决策的影响虽然不显著但是负向的，这说明了户主的工作时间越长越不利于进行旅游活动的决策。第（5）列可以看出户主人力资本对工作时间是显著的负向作用。第（6）列中户主工作时间对旅游消费的影响也是显著为负，这说明了户主的人力资本水平对工作时间产生负向影响，增加了户主的休闲时间，进而提高了家庭旅游消费的水平。因此，户主的工作时间是户主人力资本影响旅游消费水平的部分中介作用机制。

实证结果证明了休闲时间在居民人力资本对家庭旅游消费影响过程中存在中介作用。一方面，户主的人力资本水平对家庭旅游消费有着直接正效应，即户主的人力资本水平有助于促进家庭旅游决策并提高旅游消费参与的程度。另一方面，户主的人力资本水平可以通过户主工作时间对家庭旅游产生间接正效应，即户主的人力资本水平可以通过降低工作时间提高休闲时间来促进旅游消费决策和提高旅游消费程度。究其原因，一是因为个体人力资本水平较高更有利于降低工作时间和增加休闲时间，由于受教育水平较高的群体，他们在选择工作时更容易找到福利待遇较高的工作单位，从客观上为休闲时间提供了可能。二是因为认知能力较高的个体工作效率也较高，更有条件在法定工作时间完成工作任务，减少加班的时间。而且，个体非认知能力中的开放性、宜人性会使个体倾向空出时间与家人朋友沟通感情和参与探索活动，从主观上会增加休闲时间而减少工作时间。为了充分利用休闲时间，个体会尽量选择可以同时满足娱乐、放松、促进家人情感和自己求知等需求的休闲活动，这些需求都成为形成旅游动机和进行旅游消费的重要推力。所以，人力资本水平较高的家庭户主，一般会更加理性看待和处理劳动和休闲的辩证关系，具有更高的协调休闲时间和工作时间的能力，在保证收入水平可观的情况下，不会一味地追求高收入，而是把一部分时间和收入花在旅游休闲中，实现家庭消费多样化，本节实证结果也与已有文献研究结果相一致（周弘，2011）。

表 5-15　休闲时间的中介效应

变量	(1)	(2)	(3)	(4)	(5)	(6)
	Travel1	Worktime	Travel1	Travel2	Worktime	Travel2
Worktime			−0.036 (0.026)			−0.139*** (0.046)
Ability	0.425*** (0.024)	−0.075*** (0.020)	0.424*** (0.024)	0.405*** (0.043)	−0.075*** (0.020)	0.396*** (0.043)
Health	0.012 (0.010)	0.007 (0.009)	0.012 (0.010)	−0.013 (0.019)	0.007 (0.009)	−0.016 (0.019)
Job	0.006 (0.030)	1.051*** (0.034)	0.015 (0.031)	−0.168*** (0.056)	1.051*** (0.034)	−0.137** (0.056)

续表

变量	(1)	(2)	(3)	(4)	(5)	(6)
	Travel1	Worktime	Travel1	Travel2	Worktime	Travel2
Gender	−0.044 *	0.293 ***	−0.040 *	−0.104 **	0.293 ***	−0.093 **
	(0.024)	(0.022)	(0.024)	(0.041)	(0.022)	(0.041)
Age	−0.013 ***	−0.019 ***	−0.013 ***	−0.0001	−0.019 ***	−0.001
	(0.001)	(0.001)	(0.001)	(0.002)	(0.001)	(0.002)
Cash	0.037 ***	−0.005 **	0.037 ***	0.021 ***	−0.005 **	0.021 ***
	(0.002)	(0.002)	(0.002)	(0.004)	(0.002)	(0.004)
Size	0.0001	−0.022 ***	0.000	0.013	−0.022 ***	0.012
	(0.007)	(0.006)	(0.007)	(0.012)	(0.006)	(0.012)
Urban	0.655 ***	−0.144 ***	0.654 ***	0.675 ***	−0.144 ***	0.663 ***
	(0.027)	(0.027)	(0.027)	(0.045)	(0.027)	(0.045)
Oldratio	−0.001	−0.214 ***	−0.002	−0.276 ***	−0.214 ***	−0.276 ***
	(0.048)	(0.045)	(0.048)	(0.090)	(0.045)	(0.090)
Constant	−1.428 ***	−0.640 ***	−1.411 ***	5.916 ***	−0.640 ***	5.999 ***
	(0.166)	(0.185)	(0.166)	(0.270)	(0.185)	(0.272)
N	18388	18390	18388	4105	4105	4105
R−squared				0.196		0.198

注：括号中为标准误；*、**、***分别表示在10%、5%、1%水平上显著。

资料来源：笔者测算。

四、社交能力

社交能力提升是人力资本积累的重要表现，社会群体选择和社会关系丰富程度均与个体社交能力密切相关。社会关系丰富的个体可能为了融入群体选择参与旅游活动，也更有可能进行旅游消费。因此，社交能力体现出来的社会关系可能是人力资本对旅游消费影响过程中的中介变量。文献中常用到的社会关系衡量指标主要包括认识邻居的人数、拜访邻居的频率、参加宗教活动的频率、拜年人数、礼金支出、人际交往主观判断等，本章借鉴周广肃等（2014）、韩雷和谷阳（2019）的思路，根据问卷设计的问题"您家的人情礼支出共多少元？"构造社会关系指标 Social，即人们的礼金支出金额，用其对数值来衡量，数值越大，礼金支出越多，社会互动越频繁，社会关系越丰富。

本节使用家庭每年人情礼支出自然对数值进行作用机制检验，表5-16第（3）列中控制了家庭年人情礼后，户主的人力资本对旅游决策的促进作用有所降低，人力资本系数从0.425下降到0.398，这说明当控制了家庭人情礼之后，户主的人力资本促进家庭进行旅游消费决策概率有所下降，社会关系是部分中介作用机制。第（6）列中控制了家庭年人情礼之后，户主的人力资本促进家庭参与旅游程度的水平有所下降，人力资本系数从0.405下降到0.374。因此，社会关系是户主人力资本影响旅游消费水平的部分中介作用机制。

表5-16　社交关系的中介效应

变量	（1）	（2）	（3）	（4）	（5）	（6）
	Travel1	Social1	Travel1	Travel2	Social1	Travel2
Social			0.096***			0.112***
			(0.008)			(0.014)
Ability	0.425***	0.359***	0.398***	0.405***	0.359***	0.374***
	(0.024)	(0.029)	(0.024)	(0.043)	(0.029)	(0.042)
Health	0.012	-0.031**	0.014	-0.013	-0.031**	-0.011
	(0.010)	(0.013)	(0.010)	(0.019)	(0.013)	(0.019)
Job	0.006	0.211***	-0.008	-0.168***	0.211***	-0.182***
	(0.030)	(0.040)	(0.031)	(0.056)	(0.040)	(0.055)
Gender	-0.044*	-0.069**	-0.041*	-0.104**	-0.069**	-0.105***
	(0.024)	(0.030)	(0.024)	(0.041)	(0.030)	(0.040)
Age	-0.013***	-0.006***	-0.013***	-0.0001	-0.006***	-0.001
	(0.001)	(0.001)	(0.001)	(0.002)	(0.001)	(0.002)
Cash	0.037***	0.025***	0.036***	0.021***	0.025***	0.019***
	(0.002)	(0.003)	(0.003)	(0.004)	(0.003)	(0.004)
Size	0.0001	0.118***	-0.009	0.013	0.118***	0.004
	(0.007)	(0.009)	(0.007)	(0.012)	(0.009)	(0.012)
Urban	0.655***	0.187***	0.651***	0.675***	0.187***	0.678***
	(0.027)	(0.035)	(0.027)	(0.045)	(0.035)	(0.045)
Oldratio	-0.001	-0.643***	0.045	-0.276***	-0.643***	-0.233***
	(0.048)	(0.064)	(0.048)	(0.090)	(0.064)	(0.089)
Constant	-1.428***	5.777***	-1.994***	5.916***	5.777***	5.281***
	(0.166)	(0.270)	(0.176)	(0.270)	(0.270)	(0.279)

续表

变量	（1）	（2）	（3）	（4）	（5）	（6）
	Travel1	Social1	Travel1	Travel2	Social1	Travel2
N	18388	18391	18388	4105	4105	4105
R-squared		0.127		0.196	0.127	0.214

注：括号中为标准误；＊、＊＊、＊＊＊分别表示在10%、5%、1%水平上显著。

资料来源：笔者测算。

实证结果证明了社会关系在居民人力资本对家庭旅游消费影响过程中存在中介作用。一方面，户主的人力资本水平对家庭旅游消费有着直接正效应，即户主的人力资本水平有助于促进家庭旅游决策并提高旅游消费参与的程度。另一方面，户主的人力资本水平可以通过改变社交能力对家庭旅游消费产生间接正效应。因为，人力资本中认知能力和非认知能力水平对工作选择和社交群体选择息息相关，人力资本的提高可以帮助个体获得更多的社会关系，而社会关系丰富的个体也更容易参与到群体活动中，这有利于旅游动机形成和旅游消费水平的提高。

本章小结

本章通过利用2014年和2018年中国家庭追踪调查数据（CFPS），就户主人力资本对家庭旅游活动决策和旅游消费程度的影响和旅游消费能力作用渠道进行了分析。第一节重点分析了户主人力资本水平对家庭旅游消费的影响，主要结论如下：首先，户主人力资本水平对家庭旅游消费决策和参与程度都具有显著的正向影响。从认知能力和非认知能力两方面来说，其对旅游消费决策和参与程度的影响也是正向且显著的。再从认知能力和非认知能力的具体七大维度来看，认知能力的词组记忆和数学计算两个维度对旅游活动参与决策和旅游消费的参与程度都具有显著的正向影响。而在非认知能力的严谨性、外向性、开放性、宜人性和情绪稳定性这五个方面，情况有所不同。其中严谨性、开放性和宜人性对旅游活动参与决策具有显著的正向影响，在旅游消费参与程度方面只有严谨性和宜人性的正向作用显著，而开放性不再显著。其次，在异质性分析方面，结果证明女性、城市户籍和有工作的居民会更倾向参与旅游活动。无条件分位数回归结果显示，与较高家庭旅游消费支出相比，人力资本对于中低分位点上的家庭旅游消费支出具有更强的促进作用。

第二节从旅游消费能力的支付能力、消费技术、休闲时间和社交能力这四个方面对人力资本影响家庭旅游消费决策和参与程度进行机制检验。第一，探讨了旅游消费支付能力作用机制。研究发现，户主的人力资本水平提高家庭收入进而促进旅游消费决策和旅游消费参与程度。从家庭资产角度看，户主的人力资本水平提高家庭总房产进而促进旅游消费决策和旅游消费参与程度。第二，探讨了旅游消费技术的作用机制。该部分采用互联网使用情况进行分析，研究发现，户主的人力资本水平提高互联网使用进而促进旅游消费决策和旅游消费参与程度。第三，探讨了休闲时间的作用机制。研究发现，户主的人力资本水平提高休闲时间进而促进旅游消费决策和旅游消费参与程度。第四，探讨了社交能力的作用机制。该部分采用社会关系进行分析，研究发现，户主的人力资本水平提高社会地位和社会关系进而促进旅游消费决策和旅游消费参与程度。从以上研究结果可以看出，户主人力资本不仅可以直接促进家庭旅游消费，还可以通过提升旅游消费能力，包括支付能力、消费技术、休闲时间和社交能力这四个方面对家庭旅游消费的决策和参与程度产生影响。

第六章　人力资本对旅游消费意愿的影响

　　根据第三章的理论分析，人力资本可以通过影响旅游消费能力和旅游消费意愿改变旅游消费行为。第五章已经对旅游消费能力渠道进行了实证检验，本章则重点对旅游消费意愿渠道进行检验。本章的研究思路如下：第一节是研究假设与理论模型。结合计划行为理论，提出人力资本影响旅游消费行为的研究假设并构建理论模型。第二节是研究设计与数据分析。通过构建 PLS-SEM 模型，对量表设计、数据信效度等方面进行具体分析，并根据模型路径结果，检验认知能力和非认知能力影响旅游消费行为的旅游消费意愿渠道。第三节对本章内容进行简要总结。

第一节　研究假设与理论模型

一、研究假设

　　计划行为理论是旅游行为研究中学者经常使用的理论，Ajzen 和 Driver（1992）研究发现计划行为理论对各种旅游行为的预测力介于 0.37~0.63，达到了一个比较高的解释程度。国内学者最早在 2006 年将 TPB 理论引入旅游研究领域，姚艳虹和罗焱（2006）研究旅游者选择目的地问题，通过拓展 TPB 模型，探讨旅游者对目的地选择的心理及行为特征。在这之后，国内学者逐渐引入 TPB 理论用于研究旅游问题。现在 TPB 已经应用在低碳旅游行为（黄雪丽等，2013）、乡村旅游行为（李华敏，2007）、休闲旅游行为（范松，2011）、生态旅游行为（刘春济和高静，2012）和文明旅游行为（邱宏亮，2017）等方面。归纳起来主要是研究旅游者行为意向、行为影响因素以及旅游因素、意向和行为之间的内在联系，所以也比较适用于本书研究主题。

从文献整理可知，学者不仅使用基础理论模型验证计划行为理论对旅游消费意愿的影响，还通过拓展理论模型加强对旅游行为的解释效果。非认知能力和认知能力作为旅游者人力资本的组成部分，不仅对旅游消费意愿有直接影响还对旅游态度、主观规范和知觉行为控制有着重要的作用，进而影响旅游消费行为。

（一）旅游态度、主观规范和知觉行为控制对旅游消费意愿的影响

国内外旅游领域使用计划行为理论的研究成果很多，已有研究证明了旅游态度、主观规范和知觉行为控制对旅游行为影响显著（Duarte Alonso et al.，2015；Kaplan et al.，2015）。首先，旅游态度影响着旅游意愿并进一步影响旅游决策。根据计划行为理论，旅游消费态度正向性越大，旅游消费行为意愿就越大（Ajzen，1991）。如张圆刚等（2017）认为乡村旅游行为态度与旅游意愿之间存在正向影响。其次，主观规范为个体感受到的重要他者所期望的整体感知（Ajzen，1991），是旅游意愿的重要驱动因素。我国传统文化重视人际关系，消费者主观规范较强，更倾向发生从众或效仿行为。如徐飞雄等（2019）研究发现主观规范对养老旅游意愿产生正向显著影响。最后，知觉行为控制指个人的对自己行为与外部环境的掌控。旅游者通过评估自身的客观资源和机会，来衡量实现旅游的控制信念知觉强度。因此，知觉行为控制与旅游意愿正相关。如邓新明（2012）研究发现知觉行为控制正向影响行为意愿。所以，根据计划行为理论和已有文献可知，旅游者的旅游消费态度、主观规范和知觉行为控制对形成旅游消费意愿具有重要影响。

因此，可以得出假设：

H1：个体旅游消费态度、主观规范和知觉行为控制对旅游消费意愿具有影响。

（二）非认知能力与认知能力对旅游消费意愿的直接影响

非认知能力和认知能力对旅游消费意愿和行为的研究一直是旅游领域的热点问题。首先，在旅游产品购买方面，具有不同认知和非认知能力的旅游者会表现出不同特点。如Falcao等（2019）认为"大五人格"是旅游技术应用的前因，发现了开放性和神经质与旅游技术应用有关系，并证明焦虑和孤独感可以解释神经质过度使用智能手机或更频繁地在网上购物的现象。在认知能力对旅游消费影响方面，已有研究证明认知能力对居民家庭消费的影响显著（崔静雯等，2020），尤其是促进发展型和享受型消费，使居民产生购买欲望，推动消费升级（姬一帆

等，2021）。其次，在旅游消费过程中，具有不同认知和非认知能力的旅游者也会产生不同的体验。由于旅游消费所获取核心产品的本质是服务，即使享受相同品质的旅游服务，拥有不同认知能力和非认知能力的旅游者也会具有不同的体验和感受。旅游服务产品的体验性和感受性特点决定了旅游者在消费产品的过程中受到许多非认知能力因素的影响（李华敏，2010），而且这种影响还延伸到旅游者在再次消费前的消费倾向即行为意愿。因此，可以得出假设：

H2：非认知能力和认知能力对旅游消费意愿具有正向影响。

（三）非认知能力对旅游态度、主观规范和知觉行为控制的影响

非认知能力的五大维度包括严谨性、宜人性、外向性、开放性和情绪稳定性。由于受到不同国家或地区的经济、文化、社会和家庭等因素影响，非认知能力通常表现出鲜明地域特色和个人特点，这对个人旅游消费意愿形成具有重要影响。首先，非认知能力影响着旅游态度。非认知能力就包含了个体对现实态度的倾向性特征（王曼等，2007）。通常不同非认知能力的个体对不同旅游产品会表现出不同的态度，而且具有不同非认知能力的旅游者选择的旅游地不同。所以，旅游点的受欢迎程度与游客自身特点相关（Plog，1991）。如开放性代表着对经验本身的积极寻求和欣赏，利他性是低碳旅游生活行为态度的前因变量（黄雪丽等，2013）。其次，非认知能力影响着主观规范。在社会化的现实生活中，旅游消费作为享受型消费，受到社会价值观影响较大，周围人群对旅游消费行为的态度影响着旅游者是否选择进行旅游消费。尤其是在当下，旅游已成为生活态度的表现方式，人们会因他人对旅游消费行为看法改变而改变自身旅游行为。由于旅游者一般倾向与家人和朋友或者同一组织阶层的人共同参与旅游活动，旅游者会更注重听取他人意见，最大限度地满足群体成员的需求（丁敏，2005）。最后，非认知能力影响着知觉行为控制。非认知能力较高的个体往往具有较强自律能力和解决问题的能力（许鑫凤等，2022），对旅游消费行为具有较强的把控力，帮助旅游者减少旅游障碍并促进旅游消费意愿形成。因此，旅游意愿形成会受到其非认知能力的影响，旅游行为是非认知能力与环境相互作用的产物（邱扶东，2003）。因此，可以得出假设：

H3：非认知能力影响个体旅游态度、主观规范和知觉行为控制。

（四）认知能力对旅游态度、主观规范和知觉行为控制的影响

认知能力是人脑加工、存储和提取信息的能力，如想象力、记忆力和观察力等（彭聃龄，2010）。认知信息体现出消费者对事物的认识和理解，认知程度较高旅游者对旅游产品的认知更深入（呼玲妍等，2022），更容易触发旅游消费联

想，可以更好地理解和判断旅游的价值和意义，有利于形成科学的旅游态度和主观规范，提高个体对旅游产品的掌握，促进旅游消费的理性化。所以，分析游客的认知能力对分析其行为意愿至关重要，认知能力不仅是形成旅游消费态度的前提，也影响着主观规范和知觉行为控制。认知能力水平一定程度上决定着消费者对某个旅游产品的态度、评价和掌握水平。因此，可以得出假设：

H4：认知能力影响个体旅游态度、主观规范和知觉行为控制。

可以说，旅游者的非认知能力和认知能力是形成旅游者对旅游产品的感知辨别能力、评价能力、决策能力和自我保护能力的基础，在旅游者不同的认知能力和非认知能力综合作用下，旅游者表现出不同的旅游消费意愿和旅游消费行为。因此，综合以上理论分析，我们还可以推出以下假设：

H5：个体旅游态度、主观规范和知觉行为控制在非认知能力与认知能力影响旅游消费意愿过程中具有中介作用。

H6：旅游态度、主观规范和知觉行为控制分别与旅游消费意愿在非认知能力和认知能力对旅游消费行为过程中先后起到中介作用。

二、理论模型

本章基于计划行为理论，结合旅游消费决策情境，构建了个体认知能力和非认知能力对旅游消费行为影响的理论模型。如图 6-1 所示，其中认知能力和非认知能力是本模型的核心自变量，用于反映个体人力资本水平。

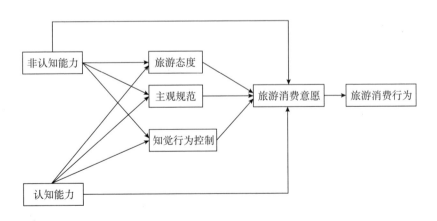

图 6-1 认知能力与非认知能力影响旅游消费行为理论模型

第二节　研究设计与数据分析

一、研究设计

（一）量表设计

本章的量表设计借鉴了国内外很多相关文献中已有成熟量表，并根据旅游消费主题对量表进行了相应的完善。问卷由七部分组成，如表6-1所示。本章问卷采用李克特（Likert）量表进行测量，从1到5分别代表"非常反对""反对""不确定""同意""非常同意"。测量题目中的"R"表示反向计分。

表6-1　人力资本对旅游消费行为影响模型变量选项

二阶潜变量	一阶潜变量	编码	测量题目	来源
非认知能力	外向性	Noncog1	我是很内向矜持的（R）	Rammstedt 和 John（2007）
		Noncog2	我很外向，善于交际	
	宜人性	Noncog3	我觉得他人通常是值得信任的	
		Noncog4	我倾向发现他人错误，有点吹毛求疵（R）	
	严谨性	Noncog5	我通常很懒惰（R）	
		Noncog6	我在工作中尽职尽责	
	情绪稳定性	Noncog7	我是放松的，善于应对压力的	
		Noncog8	我很容易紧张（R）	
	开放性	Noncog9	我没有什么艺术兴趣（R）	
		Noncog10	我有丰富的想象力	
认知能力	晶体智力	Cog1	我经常读书并掌握了充足的词汇和知识	李晓曼（2019a）；Cattell（1987）
		cog2	我能够深刻理解书籍中表达的意思	
		Cog3	我能够完成一篇完整的文章撰写	
		Cog4	我能够准确地表达自己想要表达的内容	
	流体智力	Cog5	我有较强的顺序推理能力	
		Cog6	我有较强的归纳推理能力	
		Cog7	我有较强的数字运算能力	
		Cog8	我有较强的演绎推理能力	

二阶潜变量	一阶潜变量	编码	测量题目	来源
认知能力	旅游态度	Attit1	旅游是一项积极有意义的活动	穆红梅和郑开焰（2018）；邱宏亮（2017）
		Attit2	我喜欢旅游	
		Attit3	旅游是一种有必要的行为	
		Attit4	我对旅游及其未来发展持肯定态度	
	主观规范	Subj1	我重要的朋友经常外出旅游，朋友的旅游行为对我影响很大	邱宏亮（2017）；黄雪丽等（2013）
		Subj2	我重要的朋友对我外出旅游表示理解和支持	
		Subj3	我的家人经常外出旅游，家人的旅游行为对我影响很大	
		Subj4	我的家人对我外出旅游表示理解和支持	
	知觉行为控制	Control1	我具备充足的进行旅游行为的相关知识和技能	田红彦（2016）
		Control2	我有较好的身体条件去外出旅游	
		Control3	我有充足的收入用于外出旅游	
		Control4	我有充足的时间用于外出旅游	
	旅游消费意愿	Inten1	我会持续关注旅游产品	李华敏（2007）；Ajzen 和 Driver（1992）
		Inten2	即使旅游产品价格稍高我还是会进行旅游消费	
		Inten3	如果有好的旅游产品我会推荐给他人	
		Inten4	我有未来进行旅游的计划	
	旅游消费行为	Behav1	外出旅游时，我都会购买我喜欢的商品或服务	杨萍（2017）Perugini 和 Bagozzi（2001）
		Behav2	每次外出旅游时，我都会购买不少产品带回家	
		Behav3	您平均每年的旅游频率为	
		Behav4	您平均每次旅游的消费支出是多少	

资料来源：笔者整理。

（二）数据收集

由于容量少的样本所产生的相关矩阵不够稳定，使结构方程分析结果的信度降低，因此，样本规模对结构方程模型理论估计和解释变量的最终结果有一定的影响。目前，可以有一些经验方法可以参考。如 Bentler 和 Chou（1987）指出，样本数量与估计参数的比值至少为 5∶1 才能保证参数估计值的可信度，比值至少为 10∶1 才能保证显著性检验的有效性。Nunnally（1994）则建议样本量是变量的 10 倍。若有 20 个题目，则样本量最少为 200 个。Jackson（2003）提出可以使用 N∶q 规则来大致确定所需的样本数量。N 表示样本数量，q 表示模型中估计的参数，他建议比例为 20∶1。Kline（2015）则认为 SEM 的模型越复杂，需要估计的参数越多，样本量需求越大。在样本量选择方面，本章先使用 G * power 软件计算大致样本量①，设置 α=0.05，power=0.95，效应量 $f^2=0.15$，利用 G * Power 软件计算得到的样本量至少为 194 例。然后，采用 Nunnally（1994）的经验法进行样本量计算，本章研究中共 43 个题项，按照 10∶1 的经验法则，需至少纳入 460 个样本。综上两种方法，需至少纳入 460 个样本。考虑到 20% 的数据无效率，需至少纳入 575 例。

本章问卷调查时间为 2022 年 9 月和 10 月，所以，研究的样本选择通过专业的线上数据收集机构 Credamo（https：//www. credamo. com）进行收集。研究调查分两步进行，第一步为试调查，在正式问卷调查之前，为了保证问卷题项的有效和可靠，与该领域专家对问卷内容进行了访谈，进一步了解各个题项的问题表述的准确度，并根据专家意见对问卷中的题项进行分析筛选和安排顺序方面进行调整，确定了最终调查问卷。然后选取小部分个体进行预调查，调查结果显示题项的信度和效度较好。第二步为正式调查，即利用试调查确定的正式问卷对旅游消费者展开较大规模的调查，再对所取得的数据进行分析。考虑模型变量较多、路径复杂、问卷发放的回收率和有效率等问题，本章研究正式发放问卷 1510 份，远多于理论规定数量，符合本章研究样本量要求。

（三）数据分析方法

本章研究采用偏最小二乘法（Partial Least Squares，PLS）分析样本数据，选择 PLS 的主要理由：一是因为 PLS 特别适合于预测且可以处理反映性和形成性测量模型（Ringle et al.，2012）。本章人力资本的认知和非认知能力属于反映性—形成性二阶模型，更适合使用 PLS 方法。二是因为 PLS 适合探索式研究和理论发展以及复杂的模型（Hair，2012），符合本章研究需求。目前学术界对人力资本影响旅游消费行为的研究尚属于初级阶段，对人力资本影响旅游消费的结构方程建模研究甚少，而且本章研究中涉及中介变量和二阶变量比较复杂。因此，将 PLS-SEM 作为本章实证研究设计的建模方法较为合适。

（四）二阶 PLS-SEM 模型的构造

本章将认知能力和非认知能力都视为二阶多维度变量，并在 PLS 模型中构建二阶层级结构。目前，在 PLS-SEM 中构建层级结构的方法有三种，分别是重复指标法、两步法和混合方法。

---

① G * power 软件是由德国杜塞尔多夫大学老师开发的，专门用于统计功效（包括样本量）计算的免费统计软件，在心理学领域有着很高的声誉和认可度。

假设变量测量的有效性对于社会科学的发展非常重要（Schwab，1980）。学者在处理变量与其测量指标问题时，传统方法认为每个测量指标都是变量的反映或表现，所以，测量指标被称为变量的反映性测量。但是，学者逐渐认识到一些测量指标并不是该变量的表现形式，实际上是变量的决定性因素，他们则将这些测量指标被视为变量的形成性测量（Edwards and Bagozzi，2000）。Jarvis（2003）提出了一个准则来区别这两个变量。首先是判断变量和指标之间的因果关系。若变量决定指标，则是反映性变量；反之，则是形成性变量。其次是看指标能不能互相替换，由于形成性变量的指标之间不能换，因此其多重共线性较低。本章通过上述方法进行分析后认为，将非认知能力和认知能力设定为形成性测量模型较为合适。一是宜人性、严谨性等这些指标构成了非认知能力的差异。二是量表中的每个显变量或测量题项都代表了认知和非认知能力独特的方面，不能删除其中任何一个。三是认知能力与非认知能力的每个显变量之间是相互独立的，其中某个显变量的变化并不会使其他显变量发生改变，而大五维度晶体智力和流体智力的指标是内部统一的，指标之间具有较高的相关性。因此，非认知能力和认知能力的一阶潜变量为反映性，二阶模型则是反映性—形成性模型，本章采用重复指标法的模式来构建层级结构，如图6-2所示。

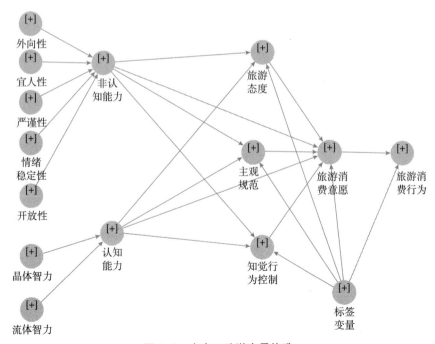

图6-2　本章二阶潜变量构造

二、实证分析

（一）描述性统计分析

本章问卷调查收集到的有效样本为 1497 份，调查样本的人口特征包括性别、年龄、受教育程度、收入和婚姻状况。样本分布情况如表 6-2 所示。总体样本中，男性为 697 人，占总人数的 46.6%；女性有 800 人，占总人数的 53.4%。女生数量比男生数量大约多 100 人，男女比例差距较小。年龄方面，25 岁以下人数有 415 人，26~35 岁的人数有 771 人，可以看出，年龄分布主要集中在 35 岁以下，占总人数的 79.2%。而且，26~35 岁的人数最多，这也与我国旅游消费市场主体年龄相符。受教育程度方面，大学本科的人数为 1007 人，占总人数的 67.3%，研究生及以上的人数有 231 人，占比 15.4%，这说明大多数参与旅游消费的旅游者受过比较好的教育。婚姻状况方面，未婚人数有 563 人，占 37.6%，已婚人数有 881 人，占 58.9%。

表 6-2　描述性统计分析

变量	分类	人数（人）	占比（%）
性别	男	697	46.6
	女	800	53.4
年龄	25 岁以下	415	27.7
	26~35 岁	771	51.5
	36~45 岁	201	13.4
	45 岁以上	110	7.4
受教育程度	高中/中专	94	6.3
	大专	165	11
	本科	1007	67.3
	研究生及以上	231	15.4
收入	3000 元以下	217	14.5
	3001~5000 元	243	16.2
	5001~8000 元	359	24
	8001~10000 元	307	20.5
	10000 元以上	371	24.8
婚姻状况	未婚	563	37.6
	已婚	881	58.9

变量	分类	人数（人）	占比（%）
婚姻状况	离异	27	1.8
	丧偶	26	1.7
	总计	1497	100

资料来源：笔者测算。

（二）共同方法变异检验

由于在问卷调查时，所有测量题目均由同一被调查者填写，就容易产生共同方法变异（CMV）的问题。参考孟猛和朱庆华（2018）的方法，在数据分析前使用 Harman 单因子鉴定法检验 CMV。将该研究所有测量题目进行探索式因素分析，判断标准为特征值是否大于1，在未旋转时提取7个主成分共解释总方差的68.031%。其中第一主成分解释了总方差的32.979%，略高于解释总方差的30%，这说明可能受共同方法变异的影响。除了使用 Harman 单因子鉴定法，我们还可以根据 Lindell 和 Whitney（2001）的建议，采用标记变量技术（Marker Variable Technique）进行共同方法变异检验。具体做法是，定义标签变量名称为"MV"，将研究中的所有控制变量作为标签变量的观测变量，并计算该变量与结构模型内生变量之间的相关性。由于标记变量是理论上不相关的变量，如果存在一定的相关性且"MV"对结构模型的内生变量存在显著影响，则认为研究受到共同方法变异的影响。经计算，标签变量对部分变量有显著影响，说明该研究受共同方法变异影响。因此，本章采用标记变量方法，在排除共同方法变异的影响下进行数据分析。

（三）信效度分析

本章使用 SmartPLS 3.0 软件对反映性变量的信度和效度进行检验，具体分析结果如表6-3所示。

表6-3　反映性变量的信效度测量结果

变量	观测变量	外部模型载荷	Cronbach's Alpha	组合信度（CR）	平均抽取变异量（AVE）
旅游态度	attit1	0.880	0.911	0.938	0.79
	attit2	0.900			
	attit3	0.878			
	attit4	0.896			

续表

变量	观测变量	外部模型载荷	Cronbach's Alpha	组合信度（CR）	平均抽取变异量（AVE）
旅游消费行为	behav1	0.755	0.826	0.884	0.657
	behav2	0.835			
	behav3	0.801			
	behav4	0.849			
晶体智力	cog1	0.905	0.863	0.907	0.711
	cog2	0.822			
	cog3	0.850			
	cog4	0.790			
流体智力	cog5	0.866	0.854	0.901	0.695
	cog6	0.832			
	cog7	0.823			
	cog8	0.811			
知觉行为控制	control1	0.827	0.84	0.893	0.676
	control2	0.789			
	control3	0.835			
	control4	0.837			
旅游消费意愿	inten1	0.834	0.860	0.905	0.705
	inten2	0.824			
	inten3	0.857			
	inten4	0.842			
外向性	noncog1	0.927	0.841	0.926	0.863
	noncog2	0.931			
宜人性	noncog3	0.873	0.676	0.861	0.755
	noncog4	0.865			
严谨性	noncog5	0.884	0.697	0.868	0.767
	noncog6	0.867			
情绪稳定性	noncog7	0.942	0.870	0.939	0.885
	noncog8	0.939			
开放性	noncog9	0.887	0.757	0.891	0.804
	noncog10	0.906			

资料来源：笔者测算。

本章采用 Cronbach's Alpha 信度系数来检验内部的一致性和可靠性。Hair 等（2011）建议反映性测量模型的内部一致性 Cronbach's Alpha>0.7。在探索性研究中，0.6≤Cronbach's Alpha≤0.7 被认为是可以接受的，本章研究中的 12 个变量的 Cronbach's Alpha 系数绝大多数都在 0.7 以上，最低值为 0.676 接近 0.7，在可接受范围。这说明本章研究各变量的测量题项均具有比较高的信度。由表 6-3 可知，所有题项的因子载荷值均大于 0.7，各变量组合信度值大于 0.7，平均抽取变异量均大于 0.5。因此，可以认为本章研究收敛效度各测量指标均达到要求。

根据弗奈尔—拉克准则，在排除 CMV 的影响下，AVE 值的算术平方根大于与其他潜在变量之间的 Pearson 相关系数，说明该量表的区分效度非常好。从表 6-4 可知，各潜变量之间共线的可能性很小，数据具有有效性（Fornell and Larcker，1981）。

表 6-4　反映性变量的区别效度

变量	严谨性	主观规范	外向性	宜人性	开放性	情绪稳定性	旅游态度	旅游消费意愿	旅游消费行为	晶体智力	流体智力	知觉行为控制
严谨性	0.876											
主观规范	0.293	0.864										
外向性	0.648	0.330	0.929									
宜人性	0.733	0.369	0.771	0.869								
开放性	0.753	0.245	0.560	0.639	0.897							
情绪稳定性	0.565	0.192	0.594	0.605	0.646	0.941						
旅游态度	0.301	0.497	0.289	0.351	0.271	0.164	0.889					
旅游消费意愿	0.325	0.438	0.408	0.410	0.307	0.281	0.495	0.839				
旅游消费行为	0.229	0.324	0.308	0.298	0.199	0.266	0.364	0.394	0.811			
晶体智力	0.461	0.353	0.406	0.439	0.476	0.359	0.428	0.425	0.316	0.843		
流体智力	0.479	0.241	0.295	0.373	0.468	0.388	0.261	0.269	0.207	0.761	0.833	
知觉行为控制	0.398	0.386	0.481	0.456	0.360	0.353	0.458	0.535	0.361	0.438	0.287	0.822

资料来源：笔者测算。

（四）形成性变量分析

Hair 等（2014）指出形成性变量指标之间的相关性通常不高。所以，如果形成性变量之间存在较高的多重共线性，那么该变量指标存在问题。本章对形成性变量的有效性分析参考 Tehseen 等（2017）检验方法进行分析。一般通过检验方差膨胀系数（VIF）来考察形成性指标之间的共线性关系。因此，在研究反映性—形成性的二层结构时，对于二阶形成性变量——非认知能力和认知能力，我们采用 VIF 值来检验七个指标之间的共线性问题。根据 Hair 等（2013）提出的形成性变量的 VIF 的阈值应不高于 5 标准。由表 6-5 可知，所有指标的 VIF 值均小于 5，因此，构成非认知能力和认知能力指标之间不存在共线性问题。

表 6-5　非认知能力和认知能力的多重共线性结果

二阶指标	形成性指标	VIF 值
非认知能力	严谨性	3.150
	外向性	2.696
	宜人性	3.333
	开放性	2.780
	情绪稳定性	2.050
认知能力	晶体智力	2.378
	流体智力	2.421

资料来源：笔者测算。

（五）二阶形成性变量的权重结果

形成性变量的各指标权重的显著性解释了指标间的相对重要性。Hair 等（2014）提出可以通过 Bootstrapping 对指标权重的相关性和显著性进行检验。根据 Lohmöller（2013）建议的指标权重应该大于 0.1。结果如表 6-6 所示，各指标权重均高于建议值 0.1，并且 P 值在 1% 的水平上都是显著的。这说明严谨性、外向性、宜人性、开放性、情绪稳定性能够显著地构成非认知能力，晶体智力和流体智力这两个指标对构成认知能力具有显著作用。

表 6-6　非认知能力和认知能力的权重结果

二阶结构	一节结构	初始样本（O）	样本均值（M）	标准差（STDEV）	T 统计量（|O/STDEV|）	P 值
非认知能力	严谨性→非认知能力	0.226	0.226	0.005	46.794	0.000
	外向性→非认知能力	0.263	0.264	0.007	40.528	0.000
	宜人性→非认知能力	0.243	0.243	0.005	47.979	0.000
	开放性→非认知能力	0.226	0.226	0.005	45.335	0.000
	情绪稳定性→非认知能力	0.218	0.218	0.005	44.471	0.000

续表

二阶结构	一节结构	初始样本（O）	样本均值（M）	标准差（STDEV）	T统计量（｜O/STDEV｜）	P值
认知能力	晶体智力→认知能力	0.587	0.588	0.009	62.196	0.000
	流体智力→认知能力	0.478	0.478	0.007	67.619	0.000

资料来源：笔者测算。

（六）结构模型评估

本章研究中通常采用 R^2、f^2、Q^2 这三个指标对 PLS-SEM 模型进行评价。首先，拟合优度 R^2 用于表征当前模型的自变量对因变量变异的解释程度。Chin（1998）认为 R^2 近似于 0.670 表示解释能力较高，R^2 约为 0.333 表示中度解释能力，R^2 约为 0.190 表示解释能力较低。检验结果表明，在排除 CMV 的影响下，研究模型对主观规范、态度、消费行为的解释程度较低，分别为 14.7%、17.5%、15.8%，对消费意愿和知觉行为控制的解释程度较高，分别为 40.6% 和 26.6%。其次，Cohen（1988）认为可以根据 Cohen 的 f^2 值评估结构方程模型中每条路径的影响大小（Effect Size），$0.020 < f^2 < 0.150$，$0.150 < f^2 < 0.350$，$f^2 > 0.350$ 分别表示外生变量对内生变量的影响力低、中、高。检验结果表明，在排除 CMV 的影响下，f^2（认知因素→主观规范）= 0.036（低），f^2（非认知因素→主观规范）= 0.049（低），f^2（认知因素→态度）= 0.076（低），f^2（非认知因素→态度）= 0.032（低），f^2（认知因素→知觉行为控制）= 0.038（低），f^2（非认知因素→知觉行为控制）= 0.148（低），f^2（知觉行为控制→消费意愿）= 0.093（低），f^2（主观规范→消费意愿）= 0.028（低），f^2（态度→消费意愿）= 0.053（低），f^2（消费意愿→消费行为）= 0.180（中）。最后，对于结构模型的预测相关性评估，可以采用非参数 Stone-Geisser 检验，该检验采用一个样本重用技术 Blindfolding 程序创建残差估计。Hair 等（2012）认为结构模型的预测相关性 Q^2 应该大于 0，而且被检验模型预测相关性越好，Q^2 就越大。检验结果表明，在排除 CMV 的影响下，$0.10 \leq Q^2$（主观规范、态度、消费意愿、消费行为、知觉行为控制）≤ 0.283，表示内生潜在变量有较好的预测相关性。由表 6-7 可知，本章研究模型解释力度和预测能力良好。

表 6-7 R² 值和 Q² 值分析结果

	R² 值	调整后的 R²	Q² 值
主观规范	0.147	0.145	0.108
旅游态度	0.175	0.174	0.136
旅游消费意愿	0.406	0.403	0.283
旅游消费行为	0.158	0.157	0.100
知觉行为控制	0.266	0.265	0.178

资料来源：笔者测算。

（七）路径系数分析

本章利用 SmartPLS3.0 软件的 Bootstrapping 方法进行 PLS-SEM 检验，得到模型中各个潜变量之间的显著性关系，各变量之间的路径系数如表 6-8 所示。

（1）旅游态度到旅游消费意愿的路径系数为 0.222，t 值为 5.664，在 0.01 水平上显著。这说明个体旅游态度对旅游消费意愿具有影响；主观规范到旅游消费意愿的路径系数为 0.155，t 值为 4.510，在 0.01 水平上显著。这说明主观规范对旅游消费意愿具有影响；知觉行为控制到旅游消费意愿的路径系数为 0.292，t 值为 8.971，在 0.01 水平上显著。说明知觉行为控制对旅游消费意愿具有影响。因此，H1 得到检验。

（2）非认知能力到旅游消费意愿的路径系数为 0.104，t 值为 3.118，在 0.01 水平上显著。这说明非认知能力正向影响消费意愿；认知能力到旅游消费意愿的路径系数为 0.073，t 值为 2.275，在 0.05 水平上显著。这说明认知能力对旅游消费意愿具有影响。因此，H2 得到检验。

（3）非认知能力到旅游态度的路径系数为 0.192，t 值为 5.619，在 0.01 水平上显著。这说明非认知能力影响旅游态度；非认知能力到主观规范的路径系数为 0.240，t 值为 6.455，在 0.01 水平上显著。这说明非认知能力影响主观规范；非认知能力到知觉行为控制的路径系数为 0.389，t 值为 10.741，在 0.01 水平上显著。这说明非认知能力影响知觉行为控制。因此，H3 得到检验。

（4）认知能力到旅游态度的路径系数为 0.294，t 值为 8.328，在 0.01 水平上显著。这说明认知能力影响旅游态度；认知能力到主观规范的路径系数为 0.205，t 值为 6.039，在 0.01 水平上显著。这说明认知能力影响主观规范；认知能力到知觉行为控制的路径系数为 0.198，t 值为 5.877，在 0.01 水平上显著。这说明认知能力影响知觉行为控制。因此，H4 得到检验。

表 6-8　模型的路径系数

变量	标准化路径	样本均值	标准差	t 统计量	P 值
认知能力→旅游消费意愿	0.073	0.074	0.032	2.275	0.023
非认知能力→旅游消费意愿	0.104	0.102	0.033	3.118	0.002
主观规范→旅游消费意愿	0.155	0.157	0.034	4.510	0.000
非认知能力→旅游态度	0.192	0.190	0.034	5.619	0.000
旅游态度→旅游消费意愿	0.222	0.219	0.039	5.664	0.000
认知能力→知觉行为控制	0.198	0.200	0.034	5.877	0.000
认知能力→主观规范	0.205	0.207	0.034	6.039	0.000
非认知能力→主观规范	0.240	0.237	0.037	6.455	0.000
严谨性→非认知能力	0.226	0.226	0.005	46.794	0.000
外向性→非认知能力	0.263	0.264	0.007	40.528	0.000
宜人性→非认知能力	0.243	0.243	0.005	47.979	0.000
开放性→非认知能力	0.226	0.226	0.005	45.335	0.000
情绪稳定性→非认知能力	0.218	0.218	0.005	44.471	0.000
旅游消费意愿→旅游消费行为	0.390	0.390	0.032	12.175	0.000
晶体智力→认知能力	0.587	0.588	0.009	62.196	0.000
流体智力→认知能力	0.478	0.478	0.007	67.619	0.000
知觉行为控制→旅游消费意愿	0.292	0.293	0.033	8.971	0.000
认知能力→旅游态度	0.294	0.297	0.035	8.328	0.000
非认知能力→知觉行为控制	0.389	0.387	0.036	10.741	0.000

资料来源：笔者测算。

三、中介作用分析

分析中介变量与其他变量之间关系的强度，可以更好地研究外生变量与内生变量之间因果关系的机制。在最简单的形式中，分析只考虑一个中介变量。Baron 和 Kenny（1986）提出的逐步回归法适用于分析简单的中介作用，Zhao 等（2010）认为逐步回归法面对多重中介的问题时效果不佳，本章参考 Hair（2017）、张涵和康飞（2016）、Cepeda-Carrion 等（2016）基于 Bootstrapping 的 PLS-SEM 多重中介方法对变量之间的直接效应和间接效应进行路径分析。

由表 6-9 可知，"非认知能力→旅游态度→旅游消费意愿"这条中介路径的效应值为 0.042，其对应的 95% 置信区间为 ［0.023，0.066］，修正偏差的 95%

置信区间为 ［0.024, 0.069］，均不包括 0，说明该间接效应显著，即旅游态度能够在非认知能力与旅游消费意愿之间发挥显著的中介效应；"非认知能力→主观规范→旅游消费意愿"这条中介路径的效应值为 0.037，其对应的 95% 置信区间为 ［0.018, 0.060］，修正偏差的 95% 置信区间为 ［0.021, 0.061］，均不包括 0，说明该间接效应显著，即主观规范能够在非认知能力与旅游消费意愿之间发挥显著的中介效应；"非认知能力→知觉行为控制→旅游消费意愿"这条中介路径的效应值为 0.114，其对应的 95% 置信区间为 ［0.079, 0.150］，修正偏差的 95% 置信区间也为 ［0.079, 0.150］，均不包括 0，说明该间接效应显著，即知觉行为控制能够在非认知能力与旅游消费意愿之间发挥显著的中介效应；"认知能力→旅游态度→旅游消费意愿"这条中介路径的效应值为 0.065，其对应的 95% 置信区间为 ［0.039, 0.095］，修正偏差的 95% 置信区间为 ［0.043, 0.098］，均不包括 0，说明该间接效应显著，即旅游态度能够在认知能力与旅游消费意愿之间发挥显著的中介效应；"认知能力→主观规范→旅游消费意愿"这条中介路径的效应值为 0.032，其对应的 95% 置信区间为 ［0.017, 0.050］，修正偏差的 95% 置信区间为 ［0.017, 0.051］，均不包括 0，说明该间接效应显著，即主观规范能够在认知能力与旅游消费意愿之间发挥显著的中介效应；"认知能力→知觉行为控制→旅游消费意愿"这条中介路径的效应值为 0.058，其对应的 95% 置信区间为 ［0.035, 0.085］，修正偏差的 95% 置信区间为 ［0.037, 0.088］，均不包括 0，说明该间接效应显著，即知觉行为控制能够在认知能力与旅游消费意愿之间发挥显著的中介效应。因此，旅游态度、主观规范和知觉行为控制在认知能力和非认知能力影响旅游消费意愿过程中具有中介作用，个体认知能力与非认知能力可以通过影响其旅游消费态度、主观规范和知觉行为控制进而对旅游消费意愿产生作用，H5 得到检验。

由表 6-9 可知，"非认知能力→旅游态度→旅游消费意愿→旅游消费行为"这条中介路径的效应值为 0.017，其对应的 95% 置信区间为 ［0.008, 0.026］，修正偏差的 95% 置信区间为 ［0.009, 0.027］，均不包括 0，说明该间接效应显著，即旅游态度和旅游消费意愿在非认知能力影响旅游消费过程中先后起到了中介作用；"非认知能力→主观规范→旅游消费意愿→旅游消费行为"这条中介路径的效应值为 0.014，其对应的 95% 置信区间为 ［0.007, 0.025］，修正偏差的 95% 置信区间为 ［0.007, 0.025］，均不包括 0，说明该间接效应显著，即主观规范和旅游消费意愿在非认知能力影响旅游消费过程中先后起到了中介作用；"非认知能力→知觉行为控制→旅游消费意愿→旅游消费行为"这条中介路径的效应值为 0.044，其对应的 95% 置信区间为 [0.028，0.062]，修正偏差的 95% 置信区间也为 [0.028，0.062]，均不包括 0，说明该间接效应显著，即知觉行为控制和旅游消费意愿在非认知能力影响旅游消费过程中先后起到了中介作用；"认知能力→旅游态度→旅游消费意愿→旅游消费行为"这条中介路径的效应值为 0.025，其对应的 95% 置信区间为 [0.014，0.038]，修正偏差的 95% 置信区间为 [0.015，0.040]，均不包括 0，说明该间接效应显著，即旅游态度和旅游消费意愿在认知能力影响旅游消费过程中先后起到了中介作用；"认知能力→主观规范→旅游消费意愿→旅游消费行为"这条中介路径的效应值为 0.012，其对应的 95% 置信区间为 [0.006，0.020]，修正偏差的 95% 置信区间为 [0.006，0.022]，均不包括 0，说明该间接效应显著，即主观规范和旅游消费意愿在认知能力影响旅游消费过程中先后起到了中介作用；"认知能力→知觉行为控制→旅游消费意愿→旅游消费行为"这条中介路径的效应值为 0.023，其对应的 95% 置信区间为 [0.013，0.034]，修正偏差的 95% 置信区间为 [0.014，0.036]，均不包括 0，说明该间接效应显著，即知觉行为控制和旅游消费意愿在认知能力影响旅游消费过程中先后起到了中介作用。因此，旅游态度、主观规范和知觉行为控制分别与旅游消费意愿在非认知能力和认知能力影响旅游消费行为过程中先后起到中介作用，H6 得到支持。

表 6-9　旅游态度、主观规范、知觉行为控制和旅游消费意愿的中介作用

中介效应	效应系数	95% 置信区间	修正偏差后 95%置信区间
非认知能力→旅游态度→旅游消费意愿	0.042	[0.023，0.066]	[0.024，0.069]
非认知能力→主观规范→旅游消费意愿	0.037	[0.018，0.060]	[0.021，0.061]
非认知能力→知觉行为控制→旅游消费意愿	0.114	[0.079，0.150]	[0.079，0.150]
非认知能力→旅游消费意愿→旅游消费行为	0.041	[0.017，0.067]	[0.017，0.067]
非认知能力→旅游态度→旅游消费意愿→旅游消费行为	0.017	[0.008，0.026]	[0.009，0.027]
非认知能力→主观规范→旅游消费意愿→旅游消费行为	0.014	[0.007，0.025]	[0.007，0.025]
非认知能力→知觉行为控制→旅游消费意愿→旅游消费行为	0.044	[0.028，0.062]	[0.028，0.062]
认知能力→旅游态度→旅游消费意愿	0.065	[0.039，0.095]	[0.043，0.098]
认知能力→主观规范→旅游消费意愿	0.032	[0.017，0.050]	[0.017，0.051]
认知能力→知觉行为控制→旅游消费意愿	0.058	[0.035，0.085]	[0.037，0.088]
认知能力→旅游消费意愿→旅游消费行为	0.029	[0.002，0.053]	[0.002，0.053]

续表

中介效应	效应系数	95%置信区间	修正偏差后95%置信区间
认知能力→旅游态度→旅游消费意愿→旅游消费行为	0.025	[0.014, 0.038]	[0.015, 0.040]
认知能力→主观规范→旅游消费意愿→旅游消费行为	0.012	[0.006, 0.020]	[0.006, 0.022]
认知能力→知觉行为控制→旅游消费意愿→旅游消费行为	0.023	[0.013, 0.034]	[0.014, 0.036]

资料来源：笔者测算。

本章小结

　　旅游消费意愿的强弱直接影响着旅游消费行为的产生。旅游消费意愿受到个体认知与非认知能力影响，具有显著的个人特点。而在以往旅游消费决策研究中，学者往往默认为个体是无差别的，这与现实情况并不相同。因此，为了完善旅游消费决策模型和探究人力资本对旅游消费行为的内在影响路径，本章从旅游消费意愿角度，构建了认知与非认知能力对旅游消费行为影响的理论模型，并进行实证分析。

　　首先，从理论模型方面，本章将认知能力与非认知能力变量融入计划行为理论（TPB）模型。从旅游消费行为模型设定方面，关注到个体的认知能力和非认知能力的差异性，理论上分析了旅游态度、主观规范和知觉行为控制对旅游消费意愿的作用；个体认知能力和非认知能力对旅游消费意愿的影响；个体认知能力和非认知能力对旅游态度、主观规范和知觉行为控制的影响；旅游态度、主观规范和知觉行为控制和旅游消费意愿在个体认知能力和非认知能力对旅游消费行为影响的中介作用。

　　其次，在实证分析中，采用SmarPLS3.0软件，构建认知能力与非认知能力的二阶（反映性—形成性）层级结构。一是分析模型的路径系数，确定了非认知能力、认知能力、旅游态度、主观规范、知觉行为控制、旅游消费意愿和旅游消费行为之间的关系。证明了H1：个体旅游态度、主观规范和知觉行为控制对旅游消费意愿具有影响；H2：非认知能力和认知能力对旅游消费意愿具有影响；H3：非认知能力影响个体旅游态度、主观规范和知觉行为控制；H4：认知能力影响个体旅游态度、主观规范和知觉行为控制。二是探讨了旅游态度、主观规范、知觉行为控制、旅游消费意愿在人力资本影响旅游消费过程中的链式中介效应，并且证实了认知能力与非认知能力可以通过旅游态度、主观规范和知觉行为控制变量影响旅游消费意愿，进而影响旅游消费行为。分别检验了 H5：个体旅游态度、主观规范和知觉行为控制在非认知能力与认知能力影响旅游消费意愿过程中具有中介效应；H6：旅游态度、主观规范和知觉行为控制分别与旅游消费意愿在非认知能力和认知能力对旅游消费行为过程中先后起到中介作用。

承接前文对旅游能力渠道检验，本章采用计划行为理论，对人力资本的认知能力与非认知能力对旅游消费意愿的影响进行了系统分析，证明了旅游消费意愿在人力资本对旅游消费行为影响的过程中具有中介作用。本书第五章和第六章是对第三章中理论分析的旅游消费能力与旅游消费意愿两条渠道的实证检验。根据本书逻辑框架，下文将从人力资本对旅游消费的宏观影响与作用特征进行实证检验。

第七章 人力资本对旅游消费水平影响的宏观分析

从第三章理论分析部分可知，人力资本对旅游消费的影响不仅存在旅游消费能力与旅游消费意愿两条作用渠道，还表现出空间溢出与非线性作用特征。第五章和第六章对人力资本影响旅游消费的作用渠道进行了实证检验，证明了人力资本水平提高对旅游消费存在显著正向作用。根据本书研究的逻辑思路，本章将分别对人力资本影响旅游消费的空间溢出效应和非线性特征进行实证检验。本章安排如下：第一节利用国内省级面板数据，使用空间杜宾模型对人力资本影响旅游消费的空间溢出效应进行分析。第二节通过使用世界银行数据，构建门槛模型对人力资本影响旅游消费的非线性特征进行检验。第三节对本章内容进行简要总结。

第一节 人力资本对旅游消费的空间溢出效应

根据第三章的理论分析，人力资本对旅游消费影响存在空间溢出特征。某一区域的人力资本水平不仅对本区域的旅游消费产生作用，还会通过溢出效应影响其他区域的旅游消费水平。为了验证人力资本对旅游消费影响是否存在空间溢出特征，本节将空间效应纳入分析框架，采用空间面板数据，利用空间计量模型实证检验人力资本影响旅游消费的空间溢出效应，探索国内省份层面人力资本对旅游消费的空间作用特征。

一、研究思路

（一）空间权重矩阵设定

本章通过引入权重矩阵和空间滞后项将空间效应纳入计量模型。在建立空间计量模型进行空间统计分析时用空间权重矩阵 W 表达 n 个位置的空间区域的邻近关系。根据 Tobler（1970）地理学第一定律，事物之间都是具有相关性的，近处比远处的事物的相关性更强，这也是权重矩阵设置的一个基本依据。通常构造空间矩阵必须满足距离增加，空间相关性减少的原则。距离不仅指地理上的距离，还可以是经济意义和社会意义上的。使用空间计量模型的首要步骤就是构建合适的空间权重矩阵，本章设置了空间邻接权重矩阵、地理距离权重矩阵和经济—地理嵌套矩阵，以考察实证结果的稳健性。

1. 空间邻接权重矩阵 W_1

本章根据空间单元的邻接关系来设定空间权重矩阵。如果区域相邻，那么权重矩阵对应元素赋值为 1，否则赋值为 0。设 W_{ij} 为第 i 行和第 j 列的矩阵元素，矩阵元素 W_{ij} 表达式为：

$$W_{ij} = W_{ji} = \begin{cases} 1, & i \in (j) \\ 0, & i \notin (j) \end{cases} \qquad (7-1)$$

式（7-1）中，i，$j(i, j=1, 2, \cdots, N)$ 是处于不同位置的观测点。当 i 属于 j 时，视 j 与 i 是邻接的，则对矩阵元素 W_{ij} 赋值为 1；当 i 不属于 j 时，视 i 与 j 不是邻接关系，则对矩阵元素 W_{ij} 赋值为 0。

2. 地理距离权重矩阵 W_2

有学者认为空间邻接矩阵并不足以充分反映区域之间关联的客观事实（李婧等，2010），原因在于：一是经济活动的空间效应不仅仅与是否相邻相关，一个省份的人力资本发展可以被所有其他地区观测到，只是影响强度会随着区域间地理距离的增加而减小；二是一个区域与其不相邻区域空间关联强度也不同，如北京和河南、西藏都不相邻，之间的矩阵元素都为 0，但是北京对与之地理区位相近的河南的影响肯定要大于与之地理区位较远的西藏的影响。所以，区域之间距离越近，人力资本相互之间的影响可能越大。

基于上述原因，本章在设定空间权重矩阵时，还设置了逆地理距离权重矩阵。逆地理距离权重矩阵 W_2 基于地理因素，以各空间单元间的距离远近为设定依据，逆地理距离权重矩阵标准是空间单元间地理距离越近，两者相互作用程度越大，空间权重越高。本章参考韩峰和阳立高（2020）的方法，以各空间单元经纬度为基准，以计算空间单元间距离的倒数构建矩阵，公式如下：

$$W_{ij} = \begin{cases} 0, & (i=j) \\ 1/d_{ij} & (i=j) \end{cases} \qquad (7-2)$$

式（7-2）中，d 代表根据地理经纬度处理得到的各个省份省会之间的直线距离，d 越大代表关联关系越弱且表现为权重越小。

3. 经济—地理嵌套矩阵 W_3

由于人力资本空间外溢性不仅受到地理邻近因素的影响，也可能受到经济发展程度和基础设施水平等其他因素的影响，在研究中不能只采用地理特征表现区域之间的空间联系。因此，本章从经济特征角度出发，设定了地理经济距离空间权重矩阵 W_3，经济—地理嵌套矩阵 W_3 不仅考虑了地理距离方面的空间作用，还考虑了经济因素方面可能存在区域溢出效应和辐射效应的情况，相比单一因素的权重矩阵设定方式，能够更加全面客观地体现更为复杂的空间关联程度。参考曾艺等（2019）的研究，矩阵设定公式如下：

$$W_3 = \varphi W_1 + (1-\varphi) W_2 \tag{7-3}$$

式（7-3）中，W_1 和 W_2 分别表示逆地理距离矩阵和经济距离矩阵，φ 表示各矩阵的权重，各矩阵权重均取 0.5。

（二）空间自相关检验

空间自相关检验主要包括考察空间数据在整个系统内表现出的分布特征或空间集聚情况的全域空间自相关检验和考察空间数据在局部某个区域内表现出的分布特征的局部空间自相关检验。全域空间自相关检验方法主要包含全局 Moran's I（莫兰）指数、全局 Getis-Ord 指数 G 和 Geary's C 指数等，局部空间自相关检验则包括局部 Moran's I 指数、局部 Getis-Ord 指数 G 和局部 Geary's C 指数等。本章选用全局莫兰指数、局部莫兰指数来检验人力资本与旅游消费的全域空间自相关和局部空间自相关。

其计算公式如下：

$$MI = \sum_{i=1}^{n} \sum_{j=1}^{n} W_{ij} (WB_i - \overline{WB})(WB_j - \overline{WB}) / S^2 \sum_{i=1}^{n} \sum_{j=1}^{n} W_{ij} \tag{7-4}$$

$$S^2 = \frac{1}{n} \sum_{i=1}^{n} (WB_i - \overline{WB})^2 \tag{7-5}$$

$$\overline{WB} = \frac{1}{n} \sum_{i=1}^{n} WB_i \tag{7-6}$$

式（7-4）、式（7-5）和式（7-6）中，WB_i 与 WB_j 分别为第 i 个和第 j 个空间单元的旅游消费水平，W_{ij} 为空间权重矩阵，n 为空间单元个数。莫兰指数代表空间相关性的程度，莫兰指数的取值范围在 $-1 \sim 1$，将莫兰指数取绝对值来看，数值绝对值越接近于 1 说明空间相关性越强。莫兰指数取值为 -1 或 1 时代表空间相关性最强。莫兰指数为 0 时，则代表指标不存在空间相关性。莫兰指数大于0时说明存在空间正相关。莫兰指数小于0时，说明存在空间负相关。

与全域空间自相关检验相比，局部空间自相关检验是空间自相关检验的补充，用来检验经济现象在局部地区空间分布特征，揭示经济现象在局部区域内的空间结构，文献中通常会采用莫兰散点图来直观展示。

二、研究设计

（一）模型构建

为了解释人力资本与旅游消费空间上的相关关系，本章选取空间计量模型来进行分析。空间计量模型主要包括空间误差模型（SEM）、空间自回归模型（SAR）和空间杜宾模型（SDM），三者所假定的空间效应传导机制也存在差异。具体来说，空间自回归模型假定空间效应是被解释变量通过空间相互作用影响；空间误差模型则假设空间效应通过随机干扰项传导；空间杜宾模型同时考虑到被解释变量和解释变量的空间相关性，认为本区域的被解释变量还会受到本区域解释变量和其他区域被解释变量和解释变量的影响。

如果旅游消费与人力资本同时存在空间自相关性，则一区域旅游消费水平不仅受到本区域人力资本水平的影响，还会受到相邻区域旅游消费和人力资本水平的影响。因此，应构建空间杜宾模型。

以下是空间杜宾模型的一般形式：

$$Y_{it} = \lambda WY + \theta X_{it} + \psi WX_{it} + \mu_i + \mu_t + \varepsilon_{it} \tag{7-7}$$

式（7-7）中，Y_{it} 表示第 i 个空间单元 t 时期因变量的观测值；X_{it} 表示第 i 个空间单元 t 时期自变量的观测值，W 为空间权重矩阵，λ、θ 和 ψ 分别度量了因变量的空间效应、自变量对因变量的直接影响和自变量的空间效应。

基于本章研究主题，将空间杜宾模型（SDM）设定如下：

$$\text{Tour}_{it} = \lambda W_n \text{Tour}_{it} + \text{lnnamehum}_{it}\beta_1 + W_n \text{lnnamehum}_{it}\beta_2 + C_{it}\gamma + \mu + \varepsilon_t \tag{7-8}$$

式（7-8）中，Tour 为各省份旅游消费，lnnamehum 为人均人力资本，C 为控制变量，β_1、β_2 为待估计参数，包括经济发展水平、研发投入、产业结构升级、科技水平、资金流动情况和运输能力，$W_n\text{Tour}_{it}$ 为旅游消费的空间滞后项，$W_n \text{lnnamehum}_{it}$ 为各地区人均人力资本的空间滞后项，式（7-8）不仅包括旅游消费的空间滞后项，也包括人力资本变量的空间滞后项。

（二）变量选取

被解释变量：受限于数据的可得性，国内层面旅游消费的研究还较少。因此，本章使用各省份娱乐文化消费替代旅游消费（Tour）。由于娱乐文化产品和旅游产品都属于服务产品，娱乐文化消费与旅游消费同属于享受型消费，两者具有相似的属性和体验价值，目前，国内层面在没有旅游消费数据的情况时是较为合适的变量选择①。

解释变量：使用名义人均人力资本的对数来测算人力资本（lnnamehum）。

控制变量：使用各省份国内生产总值测算经济发展水平（lnGDP），各省份的国内生产总值代表着各省份的经济发展水平，这在一定程度上决定了当地居民旅游消费的支付能力；使用研究与试验发展经费投入强度来测算研发投入（RD），各省份的研发投入代表着各省份的创新态度，重视创新发展的省份居民相对也更具有活力；使用第三产业增加值占总产值比值来测算产业结构升级变量（thirdind），第三产业的更好发展可以丰富当地居民的休闲生活，有利于居民养成休闲习惯；使用科学技术支出来测算科技水平（lntec），大力发展科技水平有利于推动当地文娱产业升级，促进当地居民休闲生活水平的提升；使用存贷款占比代表资金流动情况（Lodeposit），存贷款占比可以看出当地居民的消费习惯，对旅游消费产生影响；使用公路里程代表各省份交通通达度（road），各省份的交通情况关联着当地居民对外交流的频率和开放程度，甚至是整个省份的现代化基础设施建设水平，对旅游消费影响较大。

（三）数据来源及描述性统计

本节采用由李海峥主持的"中国人力资本的测量及人力资本指标体系的构建"项目②所测的人均人力资本数据来衡量人力资本（李海峥等，2010）。国内生产总值、一产产值、二产产值、三产产值、研究与试验发展经费投入强度等数据均来源于国家统计局官网、科技统计年鉴和各省份统计年鉴等资料。

考虑数据可得性，本节采用我国 2000～2018 年 31 个省份（不含港澳台）的589 个观测值进行实证分析。在数据处理方面，首先，本章对变量中缺失的样本数据进行线性插补。其次，为消除各变量间可能出现的异方差以减少数据的不平稳性，本节对数据进行对数化处理，描述性统计结果如表 7-1 所示。

① 本节还尝试使用旅游消费的全国数据，通过各省份消费、GDP 和第三产业比值对各省份旅游消费数据进行了构建，但综合考虑后认为该方法构建的数据不如文化娱乐消费的真实数据可靠。因此，最终选择使用娱乐文化消费进行替代。

② "中国人力资本的测量及人力资本指标体系的构建"系国家自然科学基金会和中央财经大学的专项资助研究项目。该项目由李海峥教授主持。参阅 http://humancapital.cufe.edu.cn/info/1027/1034.htm。

表7-1 描述性统计结果

变量名称	符号	样本量	平均值	标准差	最小值	最大值
旅游消费	lnTour	589	14.861	1.213	10.505	17.251
人力资本	lnnamehum	589	10.066	1.126	6.254	12.334
国民生产总值	lnGDP	589	8.884	1.236	4.769	11.512
科技水平	lntec	589	11.927	1.777	7.533	16.152
研发投入	RD	589	0.013	0.011	0.001	0.074
产业结构	thirdind	589	0.450	0.088	0.296	0.831
交通通达度	road	589	0.692	0.481	0.018	2.101
资金流动情况	Lodeposit	589	2.846	1.198	1.282	8.881

资料来源：笔者测算。

三、空间计量分析

（一）空间相关性检验

1. 全局莫兰指数

首先分别对31个省份2000～2018年的旅游消费和人力资本运用全局莫兰指数进行空间自相关检验。全局莫兰指数取值范围为-1～1，若全局莫兰指数为正值表明存在正向空间相关性，若为负值则表明存在负向空间相关性。根据表7-2和表7-3可知，2000～2018年，各省份旅游消费和人力资本的全局莫兰指数虽有波动，但全部为正值，并且都通过1%的显著性检验，这说明各省份旅游消费和人力资本具有显著的空间正相关性，具体表现在高水平省份集聚和空间依赖性稳定。所以，各省份人力资本水平和旅游消费的空间相关作用显著，选择空间计量模型是合适的。

表7-2 各省份旅游消费的全局莫兰指数

年份	空间邻接矩阵		逆地理距离矩阵		经济—地理矩阵	
	I	p-value	I	p-value	I	p-value
2000	0.223	0.010	0.146	0.005	0.048	0.008
2001	0.242	0.007	0.156	0.004	0.053	0.006
2002	0.209	0.013	0.137	0.007	0.047	0.009
2003	0.220	0.011	0.142	0.006	0.048	0.009
2004	0.249	0.005	0.158	0.003	0.056	0.004
2005	0.254	0.005	0.156	0.004	0.055	0.005

续表

年份	空间邻接矩阵		逆地理距离矩阵		经济—地理矩阵	
	I	p-value	I	p-value	I	p-value
2006	0.275	0.002	0.166	0.002	0.059	0.003
2007	0.288	0.002	0.180	0.001	0.066	0.002
2008	0.320	0.001	0.197	0.000	0.073	0.001
2009	0.307	0.001	0.193	0.001	0.071	0.001
2010	0.298	0.001	0.191	0.001	0.070	0.001
2011	0.298	0.001	0.195	0.000	0.071	0.001
2012	0.281	0.002	0.185	0.001	0.067	0.001
2013	0.283	0.002	0.186	0.001	0.065	0.002
2014	0.247	0.004	0.157	0.002	0.052	0.005
2015	0.228	0.007	0.148	0.004	0.048	0.007
2016	0.228	0.008	0.145	0.004	0.049	0.007
2017	0.235	0.007	0.150	0.004	0.050	0.006
2018	0.250	0.004	0.159	0.002	0.055	0.004

资料来源：笔者测算。

表7-3　各省份人力资本的全局莫兰指数

年份	空间邻接矩阵		逆地理距离矩阵		经济—地理矩阵	
	I	p-value	I	p-value	I	p-value
2000	0.304	0.001	0.199	0.001	0.067	0.002
2001	0.307	0.001	0.199	0.001	0.068	0.002
2002	0.312	0.001	0.202	0.001	0.068	0.002
2003	0.319	0.001	0.203	0.000	0.069	0.002
2004	0.327	0.001	0.208	0.000	0.071	0.001
2005	0.332	0.001	0.211	0.000	0.073	0.001
2006	0.337	0.001	0.218	0.000	0.077	0.001
2007	0.336	0.001	0.220	0.000	0.078	0.001
2008	0.337	0.001	0.222	0.000	0.079	0.001
2009	0.342	0.000	0.226	0.000	0.081	0.000
2010	0.342	p-0.000	0.228	p-0.000	0.082	p-0.000
2011	0.342	0.000	0.227	0.000	0.081	0.000
2012	0.346	0.000	0.229	0.000	0.081	0.000
2013	0.350	0.000	0.229	0.000	0.081	0.000
2014	0.351	0.000	0.231	0.000	0.081	0.000

年份	空间邻接矩阵		逆地理距离矩阵		经济—地理矩阵	
	I	p-value	I	p-value	I	p-value
2015	0.349	0.000	0.229	0.000	0.080	0.001
2016	0.350	0.000	0.228	0.000	0.079	0.001
2017	0.351	0.000	0.227	0.000	0.079	0.001
2018	0.351	0.000	0.225	0.000	0.078	0.001

资料来源：笔者测算。

2. 局部莫兰指数

全局莫兰指数只能从整体上判断旅游消费和人力资本具有空间正相关性，但无法判断局部的空间集聚特征。为考察旅游消费和人力资本在局部的空间集聚特征，本节绘制了局部莫兰图。受限于篇幅，选择 2000 年、2005 年、2010 年和 2018 年四年的结果进行汇报，图 7-1 和图 7-2 中数字 1~31 表示我国 31 个省

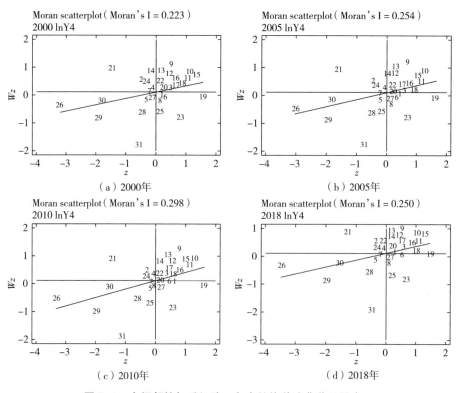

图 7-1　空间邻接权重矩阵下各省份旅游消费莫兰散点图

资料来源：笔者自绘。

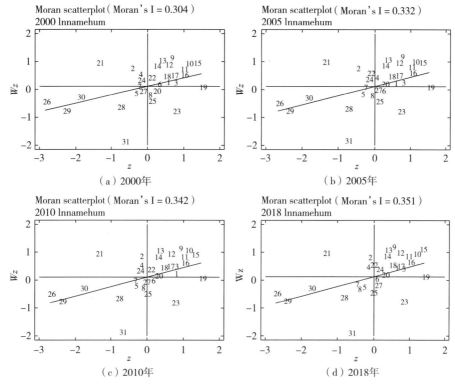

图7-2　空间邻接权重矩阵下各省份人力资本莫兰散点图

资料来源：笔者自绘。

级区域，分别为北京、山西、山东、河北、天津、内蒙古、黑龙江、吉林、江西、辽宁、上海、浙江、安徽、福建、江苏、河南、湖南、广西、湖北、重庆、海南、陕西、四川、青海、广东、贵州、甘肃、云南、西藏、宁夏和新疆。由图7-1和图7-2可知，各省份之间旅游消费和人力资本的莫兰指数的点大多数处于第一象限，这说明与全局莫兰指数的检验结果一致，各省份在局部空间上也是正向促进的。因此，人力资本与旅游消费的局部空间具有正相关性，应选择空间计量模型。

（二）空间计量模型设定检验

根据前文可知，各省份的旅游消费水平和人力资本水平具有显著的空间相关性，进一步构建合适的空间计量模型，有利于更准确地测度人力资本对旅游消费影响的方向与程度。

首先，进行LM检验。通过LM-Lag和稳健LM-Lag检验以及LM-Error和稳健的LM-Error检验可以判断空间效应类型并选择模型。由表7-4可以看出，检验都拒绝了原假设，这代表样本数据具有空间滞后和空间误差自相关效应。所以，判断选择符合要求的空间杜宾模型是合适的。

表7-4　LM检验

Test	Statistic	p-value
LM-Error 检验	494.823	0.000
稳健的 LM-Error 检验	407.785	0.000
LM-Lag 检验	92.325	0.000
稳健的 LM-Lag 检验	5.286	0.021

资料来源：笔者测算。

其次，模型比较。根据豪斯曼检验结果，SEM模型选择随机效应，SDM模型豪斯曼指标为68.20，在1%的显著性水平上通过了检验，因此判断选择固定效应模型。

最后，LR检验。为了验证SDM模型是否可简化为SAR模型和SEM模型，还需要对空间杜宾固定效应模型进行LR检验。结果显示，LR检验的指标值分别为64.01和33.47，在1%的显著性水平上拒绝了原假设。因此，LR检验结果也表明选择固定效应SDM的设定是合理的。

（三）空间模型回归结果分析

1. 基本回归结果

考虑到变量系数的稳健性，本节对SAR模型、SEM模型和SDM模型的回归结果均进行报告，并对SDM模型的回归结果进行具体分析。根据表7-5可知，SDM模型的R^2值最大，说明空间杜宾模型拟合度较高，更适用于解释人力资本对旅游消费的影响效应。另外，对比SAR、SEM和SDM回归结果，看到各模型变量系数大小、方向及显著度都比较一致，这也验证了变量系数的稳健性。本节选择空间杜宾模型回归结果做详细分析。可以发现，空间杜宾模型的人力资本（lnnamehum）系数显著为0.456，人力资本的溢出效应系数显著为0.334，这表明人力资本不仅对本区域旅游消费具有正向推动作用，也对其他区域旅游消费具有正向推动作用。国内生产总值的系数显著为0.610，这说明当地经济的发展对本地区的旅游消费具有显著的正向促进作用。研发投入的系数显著为5.596，可能是因为研发投入提高了人才的收入水平并促进了当地的经济发展，对本地区的旅游消费起到了显著的促进作用。

表 7-5 基本回归结果

变量	SAR	SEM	SDM
	Tour	Tour	Tour
Main			
lnnamehum	0.481 ***	0.404 ***	0.456 ***
	(0.051)	(0.051)	(0.052)
lnGDP	0.604 ***	0.669 ***	0.610 ***
	(0.052)	(0.051)	(0.051)
lntec	0.008	0.017	0.039
	(0.027)	(0.027)	(0.028)
RD	2.951 *	2.873	5.596 ***
	(1.759)	(1.770)	(1.867)
thirdind	−0.575 ***	−0.507 **	−0.612 ***
	(0.219)	(0.206)	(0.218)
road	−0.119 ***	−0.084 **	0.021
	(0.039)	(0.033)	(0.045)
Lodeposit	−0.002	0.001	−0.023
	(0.015)	(0.015)	(0.016)
Wx			
lnnamehum			0.334 ***
			(0.106)
lnGDP			0.631 ***
			(0.118)
lntec			0.019
			(0.055)
RD			4.494
			(3.503)
thirdind			−1.186 **
			(0.486)
road			−0.411 ***
			(0.085)
Lodeposit			0.014
			(0.027)
R^2	0.853	0.849	0.862
N	589	589	589

注：＊、＊＊、＊＊＊分别表示 10%、5% 和 1% 的显著性水平；括号内为标准误。

资料来源：笔者测算。

2. 分区域 SDM 模型回归分析

为了检验人力资本对旅游消费的溢出效应的空间异质性，加深人力资本对旅游消费的空间溢出效应具体作用的认识，本章将 31 个省级区域分为东部、中部和西部进行讨论①。由前文检验可知，本节更适合选择空间杜宾模型进行研究，并且稳健性也得到验证。因此，本部分继续采用空间杜宾模型。由表 7-6 可知，东部地区人力资本系数为 1.614，东部地区人力资本的空间滞后项系数为正但不显著，具体数值为 0.346，表明人力资本在空间上向周围地区溢出虽然是正向效应但不显著。中部地区人力资本的系数为 1.335，在 1% 的显著性水平上显著为正，且中部地区人力资本的空间滞后项系数不显著。西部地区的人力资本系数为 0.895 显著为正，而且人力资本的空间滞后项系数显著为正，系数具体为 1.117，表明西部地区内的邻近省份人力资本对本省份的旅游消费增长有显著的正向溢出效应。中东部地区的人力资本的溢出效应不显著可能是因为中东部地区整体人力资本水平较高，周围地区的人力资本提高并不能对本地区旅游消费产生显著影响。西部地区人力资本溢出效应显著为正，可能归因于我国西部地区经济欠发达，人力资本的水平普遍偏低，人力资本对旅游消费的收入效应和邻近省份旅游消费对本省份旅游消费的示范效应更加突出。因此，在西部地区一省份人力资本提高对本省份和邻近省份旅游消费的带动作用更显著。

表 7-6　分区域空间杜宾模型回归结果

变量	(1)	(2)	(3)
	东部	中部	西部
Main			
lnnamehum	1.614 ***	1.335 ***	0.895 ***
	(0.111)	(0.099)	(0.093)
lnGDP	0.266 **	0.391 ***	0.462 ***
	(0.128)	(0.096)	(0.106)
lntec	0.090	-0.247 ***	0.074 **
	(0.136)	(0.031)	(0.035)

①　东部地区包括广东、江苏、山东、浙江、福建、上海、河北、北京、天津、海南、辽宁、吉林、黑龙江。中部地区包括河南、湖北、湖南、安徽、江西、广西、山西、内蒙古。西部地区包括四川、陕西、重庆、云南、贵州、新疆、甘肃、宁夏、青海、西藏。

续表

变量	(1)	(2)	(3)
	东部	中部	西部
Lodeposit	0.073	-0.458***	-0.681***
	(0.053)	(0.075)	(0.080)
road	-0.447***	0.107***	-0.061**
	(0.109)	(0.027)	(0.029)
RD	-16.718***	-9.251	7.447**
	(2.976)	(6.972)	(3.537)
thirdind	0.359	2.175***	3.689***
	(0.538)	(0.374)	(0.332)
Wx			
lnnamehum	0.346	-0.226	1.117***
	(0.066)	(0.053)	(0.179)
lnGDP	0.263	0.059	0.908***
	(0.068)	(0.088)	(0.214)
lntec	-0.253	0.161	-0.319***
	(0.291)	(0.134)	(0.073)
Lodeposit	0.138**	0.239**	-0.489***
	(0.064)	(0.104)	(0.176)
road	-0.077	-0.075	-0.063
	(0.593)	(0.116)	(0.049)
RD	7.402***	-5.974***	5.633***
	(0.021)	(2.460)	(6.763)
thirdind	-2.774**	-1.453***	-1.183
	(1.099)	(0.056)	(0.787)
R²	0.799	0.699	0.899
N	254	147	188

备注：*、**、***分别表示10%、5%和1%的显著性水平；括号内为标准误。

资料来源：笔者测算。

3. 空间效应分解

基准回归结果仅能对人力资本溢出效应是否存在产生基本判断，而对于人力

资本提高影响旅游消费的直接效应、间接效应和总效应大小，本章借鉴 LeSage
（2008）提出的偏微分方法进一步准确识别。在此，使用基于偏微分法对最优模
型（SDM）做效应分解，可以更全面地衡量人力资本的空间溢出效应。根据表
7-7 可知，全国人力资本对旅游消费影响的直接效应在 1% 的显著水平上为
0.494。东部地区的人力资本对旅游消费影响的直接效应在 1% 的显著水平上为
1.673，中部地区直接效应在 1% 的显著水平上为 1.336，西部地区的直接效应在
1% 的显著水平上为 0.909，即人力资本可以显著促进东中西部区域旅游消费的增
长。以上分析表明，发挥人力资本的消费性价值可以显著促进本地区旅游消费的
增长，而人力资本对旅游消费增长的空间溢出效应并不一致。从全国角度来看，
人力资本对旅游消费增长的间接效应在 1% 的显著水平上为 0.634，东部、中部
地区人力资本的间接效应并不显著。而在西部地区，人力资本对旅游消费增长的
间接影响效应在 1% 的显著水平上通过检验，具体数值为 1.187，人力资本显著
促进了周边地区旅游消费的提升。因此，即人力资本对周边地区旅游消费影响具
有异质性，人力资本对旅游消费的直接效应在经济发达地区更加显著，但人力资
本对旅游消费的间接效应在经济欠发达地区更加突出。

表 7-7 空间杜宾模型的效应分解结果

Spatial	东部	中部	西部	全国
直接效应				
lnnamehum	1.673***	1.336***	0.909***	0.494***
	(0.086)	(0.099)	(0.090)	(0.052)
lnGDP	0.303**	0.389***	0.446***	0.573***
	(0.129)	(0.095)	(0.099)	(0.053)
lntec	0.074	-0.245***	0.074**	0.044
	(0.097)	(0.027)	(0.031)	(0.027)
Lodeposit	0.084**	-0.450***	-0.682***	-0.022
	(0.042)	(0.083)	(0.084)	(0.015)
road	-0.444***	0.097***	-0.067*	-0.012
	(0.094)	(0.031)	(0.034)	(0.045)
RD	-16.731***	-10.172	8.391***	5.984***
	(3.308)	(8.005)	(3.235)	(1.727)
thirdind	0.153	2.177***	3.675***	-0.710***
	(0.485)	(0.391)	(0.373)	(0.227)

续表

Spatial	东部	中部	西部	全国
间接效应				
lnnamehum	0.976	−0.130	1.187 ***	0.634 ***
	(0.735)	(0.130)	(0.164)	(0.139)
lnGDP	0.465 *	0.105 *	0.891 ***	0.597 ***
	(0.261)	(0.061)	(0.192)	(0.156)
lntec	−0.372	0.132	−0.334 ***	0.041
	(0.418)	(0.153)	(0.064)	(0.070)
Lodeposit	0.213	0.231 *	−0.554 ***	0.007
	(0.139)	(0.125)	(0.187)	(0.035)
road	−0.039	−0.088	−0.070	−0.546 ***
	(0.633)	(0.127)	(0.055)	(0.109)
RD	3.388	−3.300 ***	7.913 ***	8.238 *
	(5.2127)	(16.4979)	(6.7909)	(4.7686)
thirdind	−3.7581 *	−1.3365 ***	−0.9442	−1.8065 **
	(2.108)	(0.162)	(0.678)	(0.723)
总效应				
lnnamehum	2.650 ***	1.205 ***	2.097 ***	1.128 ***
	(0.737)	(0.080)	(0.154)	(0.152)
lnGDP	0.769 **	0.495 ***	0.445 **	0.023
	(0.369)	(0.145)	(0.212)	(0.176)
lntec	−0.298	−0.112	−0.260 ***	0.085
	(0.338)	(0.137)	(0.059)	(0.076)
Lodeposit	0.298 **	−0.218	−1.237 ***	−0.014
	(0.122)	(0.157)	(0.155)	(0.039)
road	−0.484	0.008	−0.138 **	−0.558 ***
	(0.591)	(0.139)	(0.064)	(0.114)
RD	−13.342 *	−73.472 ***	66.305 ***	14.222 ***
	(7.691)	(15.945)	(7.583)	(5.063)
thirdind	−3.604 *	0.841 *	2.731 ***	−2.516 ***
	(2.044)	(0.509)	(0.777)	(0.840)

注：*、**、*** 分别表示10%、5%和1%的显著性水平；括号内为标准误。

资料来源：笔者测算。

第二节　人力资本对旅游消费影响的非线性特征

　　根据前文人力资本与旅游消费发展现状部分可知，国际旅游消费快速发展与国际人力资本水平的提高有着紧密的相关性。那么人力资本对旅游消费的促进作用在国际层面是否依然存在？不同经济发展水平的国家人力资本的旅游消费作用是否一致？为了继续对第三章提出的人力资本对旅游消费水平影响和表现特征进行检验，本节将使用世界银行数据构建国际面板数据，检验人力资本对旅游消费影响的非线性特征，拓宽人力资本影响旅游消费的适用领域，加深对人力资本影响旅游消费的认知，以便为更好地促进国际旅游发展提供政策建议。本章第一节在国内层面探讨了人力资本对旅游消费影响的空间溢出特征，本节重点是从国际层面检验人力资本对旅游消费水平的影响及非线性特征。人力资本作为重要影响因素，提升旅游者的收入水平并改变了消费者的消费观念，在出境旅游消费方面的作用更加突出。但查阅文献发现，多数学者对出境旅游影响因素的研究多集中在经济方面，包括收入水平、消费者价格、旅行成本和汇率等（Song et al.，2000；Cortés-Jiménez et al.，2009；Kim et al.，2012；Seetaram，2012）。关于人力资本对出境旅游影响方面的研究仅有少数学者关注。如徐沁（2007）研究发现在已有出境旅游经历者中，学历呈正向分布，呈现出学历越高、比例越重的分布特征。宋慧林等（2016）证明了我国旅游者的教育水平和主观规范对旅游者在出境旅游目的地选择方面具有显著的影响。基于此，本节选择从国际层面，对各国人力资本对出境旅游消费的非线性特征进行实证检验，加强对人力资本影响旅游消费作用的认识和把握，进而更好地解释国际旅游消费鸿沟问题并提供相关政策建议。

一、研究设计

（一）数据来源和数据处理

　　本节利用世界银行和联合国教科文组织统计研究所数据库，选取了 47 个国家 1996 ～ 2019 年一共 806 个样本量，47 个国家中包含 33 个经合组织（OECD）成员国家以及 17 个新兴市场国家，其中经合组织国家与新兴市场国家有重合。在年份选择上，考虑到新冠疫情对各国出境旅游的负面影响，我们将数据年份截至 2019 年。

变量选择上，由于财政教育支出作为我国教育系统的主要资金来源，地方政府教育和科技支出竞争会影响社会的人力资本水平，教育支出对人力资本积累有着至关重要的影响（杨帆等，2021）。因此，我们选择使用政府教育支出作为人力资本的代理变量。被解释变量选取上，我们使用国际旅游支出消费体现一国公民出境旅游消费的水平。控制变量选择了各国人均 GDP、研发人员、通货膨胀指数、预期寿命、汇率、人口增长率和生育率。在数据处理方面，本节首先对被解释变量和核心解释变量中缺失的样本数据进行线性插补。其次对其余存在缺失值的样本进行剔除。最后为了让数据更加平稳，缓解模型的共线性、异方差性等问题，对部分变量取自然对数。表 7-8 是变量的选择情况。

表 7-8　变量的选择情况

变量类型	变量名称	变量符号	变量处理与说明
被解释变量	旅游消费	lntcons	国际旅游支出消费，取自然对数
解释变量	人力资本	lnedu	政府教育支出，取自然对数
控制变量	经济发展	lnpgdp	人均 GDP，取自然对数
	通货膨胀	infla	按 GDP 平减指数衡量的通货膨胀
	寿命	age	出生时的预期寿命
	汇率	lnrate	官方美元汇率，取自然对数
	人口增长	pog	人口增长（年度百分比）
	生育率	birth	生育率
	研发水平	lnrd	R&D 研究人员，取自然对数

资料来源：笔者整理。

（二）模型设计

使用面板回归模型，估计模型可设定如下：

$$\text{lntcons}_{it} = \beta_0 + t + \beta_3 \text{lnedu}_{it} + \beta_4 Z_{it} + \varepsilon_{it} \tag{7-9}$$

式（7-9）中：lntcons_{it} 为被解释变量国际旅游支出消费；lnedu_{it} 为核心解释变量人力资本；Z_{it} 为人均 GDP、研发人员、通货膨胀指数、预期寿命等控制变量；β_0、β_3、β_4 为待估计参数；ε_{it} 为扰动项；i 为国家；t 为时间。

（三）描述性统计

表 7-9 是变量的描述性统计结果，其中包括变量名称、样本数、最小值、均

值、最大值、标准差。总体样本数为 806 个，整体而言，人力资本与旅游消费的标准差较小。其余具体变量统计结果如表 7-9 所示。

表 7-9　变量的描述性统计

变量名称	样本数	最小值	均值	最大值	标准差
lntcons	806	19.099	22.934	27.462	1.439
lnedu	806	0.006	9.801	13.777	1.578
lnrd	806	3.984	7.659	9.037	1.017
infla	806	−5.992	4.272	143.640	8.573
age	806	60.783	77.384	83.905	4.086
lnrate	806	2.508	6.036	9.564	2.249
pog	806	−1.854	0.664	2.891	0.672
birth	806	0.900	1.729	3.700	0.448
lnpgdp	806	5.991	9.809	11.725	1.066

资料来源：笔者根据世界银行数据库测算。

（四）Hausman 检验

可以用 F 检验、Hausman 检验和 LM 检验来判断是否符合固定效应模型条件，表 7-10 是各个检验的结果情况。首先，要确定应选择混合模型还是固定效应模型。从表 7-10 可以看出 F=64.290 且 P 值为 0.000，推翻原假设，固定效应回归模型比混合回归模型合理。其次，需要确定建立随机效应模型还是固定效应模型。Hausman 检验的结论是固定效应模型优于随机效应模型。最后，本部分还进行了 LM 检验，LM 检验的结论是随机效应模型优于混合 OLS 模型。从三个检验结果可以发现，最优模型为固定效应模型。

表 7-10　F 检验、Hausman 检验和 LM 检验

检验项	检验值	P 值	结论
F 检验	64.290	0.000	固定效应模型优于混合 OLS 模型
Hausman 检验	147.880	0.000	固定效应模型优于随机效应模型
LM 检验	2459.220	0.000	随机效应模型优于混合 OLS 模型

资料来源：笔者测算。

二、基准回归

(一) 总体回归结果分析

从表 7-11 中第 (4) 列的回归结果可以发现，人力资本 (lnedu) 的系数为 0.121，并且该系数在 1% 的显著性水平上显著，这说明人力资本对出境旅游消费存在显著的正向促进效应。在控制变量中，人均 GDP、预期寿命和通货膨胀指数对出境旅游支出均具有正向影响，说明经济发展带来生活水平的提升、寿命增加引发的旅游机会增加和通货膨胀带来的国内物价提升都促进了旅游者的出境旅游行为，对出境旅游消费支出具有正向作用，而在回归结果中，生育率对出境旅游支出起到负向影响，说明随着抚养成本提高，生育率提高会增加人民生活负担，降低旅游者进行出境旅游的消费能力和时间，对出境旅游消费起到负向作用。

表 7-11　基准回归结果

变量	(1) lntcons	(2) lntcons	(3) lntcons	(4) lntcons
lnedu	0.600 *** (24.322)	0.557 *** (20.804)	0.387 *** (11.354)	0.121 *** (3.173)
lnrd			−0.097 * (−1.789)	−0.031 (−0.567)
infla			0.029 *** (11.335)	0.018 *** (7.407)
age			0.063 *** (4.492)	0.071 *** (5.191)
lnrate			−0.018 (−1.364)	−0.013 (−1.012)
pog			−0.057 (−1.410)	−0.016 (−0.422)
birth			−0.064 (−0.715)	−0.221 ** (−2.549)
lnpgdp			0.663 *** (11.850)	0.921 *** (16.668)
_cons	16.997 *** (66.988)	17.474 *** (66.439)	8.613 *** (12.332)	7.772 *** (11.883)
个体效应	否	是	否	是
时间效应	否	是	否	是

续表

变量	(1) lntcons	(2) lntcons	(3) lntcons	(4) lntcons
N	806	806	806	806
R^2	0.751	0.362	0.796	0.734
adj. R^2	0.751	0.326	0.794	0.716

注：*、**、***分别表示10%、5%和1%的显著性水平；括号内为 t 统计值。

资料来源：笔者测算。

（二）异质性结果分析

为了研究人力资本对不同经济发展阶段国家出境旅游消费的影响，本节进一步将样本划分为 OECD 国家和新兴市场国家，深入探究人力资本对 OECD 国家和新兴市场国家各国旅游者出境旅游消费作用效果的差异性。表7-12 的第（1）列是 OECD 国家样本的回归结果，样本数为 663 个，根据实证结果可知人力资本对 OECD 国家的出境旅游消费起到正向显著的影响，系数为 0.272，在 1%的水平上显著。第（2）列是人力资本对新兴市场国家的 276 个样本进行回归的结果，从实证结果可以看出，虽然人力资本系数的符号为正，但回归系数并不显著，这说明对于新兴市场国家来说，人力资本对出境旅游消费并没有产生影响。根据异质性回归结果可以推出，人力资本经济发达国家旅游者出境旅游消费的影响为显著的正向促进作用，对于新兴市场国家人力资本对旅游消费的促进作用不再显著。我们可以推测出从国际层面来看，人力资本对旅游消费的促进作用可能随着经济水平等因素实现量变到质变、不显著到显著的跨越。这也与国际层面人力资本鸿沟与旅游消费鸿沟同时出现的现状相符。因此，新兴市场国家要充分发挥出人力资本对出境旅游消费的积极作用需要大力发展生产力，经济发展是发挥人力资本对出境旅游消费积极作用的重要条件和基础。

表7-12　异质性回归结果

变量	OECD 国家（1）	新兴市场国家（2）
lnedu	0.272*** (5.746)	0.050 (1.250)
lnrd	-0.269*** (-2.922)	0.119** (1.971)
infla	0.027*** (8.376)	0.013*** (5.218)

续表

变量	OECD 国家（1）	新兴市场国家（2）
age	0.127***	−0.045*
	(6.959)	(−1.888)
lnrate	−0.015	0.045
	(−1.122)	(0.667)
pog	0.005	−0.197*
	(0.129)	(−1.848)
birth	−0.167	−0.011
	(−1.515)	(−0.095)
lnpgdp	0.631***	1.211***
	(8.452)	(16.012)
_cons	6.166***	14.050***
	(8.156)	(13.370)
N	663	276
R^2	0.680	0.844
adj. R^2	0.660	0.829

注：*、**、*** 分别表示 10%、5% 和 1% 的显著性水平；括号内的数值为 t 统计值。

资料来源：笔者测算。

三、门槛模型设定

前文通过异质性分析发现人力资本对 OECD 国家和新兴市场国家的影响并不一样，人力资本对 OECD 国家的出境旅游消费促进作用更加显著。根据实证结果和前文理论分析可以推测人力资本除了通过收入影响出境旅游消费以外，随着国家经济、旅游者收入和人力资本不断的发展，人力资本和出境旅游消费之间的关系有可能呈现出非线性的特征。因此，本节进一步采用面板门槛模型来检验人力资本对出境旅游消费的影响到底呈现出线性关系还是非线性关系。

门槛效应是指当一个经济参数达到特定的数值后，引起另一个经济参数发生突然转向其他发展形式的现象，作为原因现象的临界值称为门槛值（Hansen，1999）。门槛回归模型（门限回归模型）方程如下：

$$y_{it} = \mu_i + \beta_1' X_{it} + \varepsilon_{it}, \ 若 \ q_{it} \leqslant \gamma$$
$$y_{it} = \mu_i + \beta_2' X_{it} + \varepsilon_{it}, \ 若 \ q_{it} \geqslant \gamma \qquad (7\text{-}10)$$

式（7-10）中，q_{it} 为门槛变量，γ 为待估计的门槛值，ε_{it} 服从独立同分布。

可以将式（7-10）中的方程写作：

$$y_{it} = \mu_i + \beta'_1 X_{it} \cdot I(q_{it} \leq \gamma) + \beta'_2 X_{it} \cdot I(q_{it} > \gamma) + \varepsilon_{it} \tag{7-11}$$

其中，$I(\cdot)$ 为示性函数，q_{it} 为变量（可以理解为解释变量的一部分），γ 为待估计的门槛值，ε_{it} 服从独立同分布。汉森（Bruce E. Hansen）在门限回归模型上做出了重要贡献。1996 年他在 *Econometrica* 上发表的 "*Inference When a Nuisance Parameter is Not Identified Under the Null Hypothesis*" 一文中，提出了时间序列门限自回归模型的估计和检验。之后，他在 1999 年的 "*Threshold Effects in Non-dynamic Panels：Estimation，Testing，and Inference*" 中首次介绍了具有个体效应的面板门限模型的计量分析方法，该方法通过以残差平方和最小化为条件确定门槛值，并检验其显著性，克服了主观设定结构突变点的偏误。具体思路是：选定某变量作为门槛变量，根据找到的门槛值将回归模型划分为多个区间，根据门槛划分的区间将其他样本值进行归类和回归，再比较系数变化情况。在 2000 年的 "*Sample Splitting and Threshold Estimation*" 和 2004 年与 Caner 一起发表的 "*Instrumental Variable Estimation of a Threshold Model*" 文章中，Hansen 还介绍了包含个体固定效应的静态平衡面板数据门限回归模型并阐述计量方法。

在本节的面板门槛效应模型中，我们重点分析解释变量人力资本和被解释变量旅游消费之间的非线性关系，这包括三个方面：一是探索不同人力资本水平下，人力资本对旅游消费的影响；二是探索不同居民收入水平下，人力资本对旅游消费的影响；三是探索不同经济发展水平下，人力资本对旅游消费的影响。因此，本部分分别以人力资本、国民收入和各国人均 GDP 为门槛变量，人力资本为门槛依赖变量，运用门槛模型对人力资本与出境旅游消费之间的非线性关系进行门槛效应检验。

（一）以人力资本水平作为门槛变量

从第三章理论分析部分所知，人力资本发展对旅游消费影响表现非线性特征，其影响效应会受到人力资本发展阶段的影响。为了进一步准确识别在不同人力资本水平下，人力资本对旅游消费影响关系是否存在变化及人力资本对旅游消费的影响是否存在基于人力资本水平的门槛效应。本节利用 Hansen（1999）的研究方法，以人力资本水平（lnedu）作为门槛变量，构建面板门槛模型如下：

$$\mathrm{lntcons}_{it} = \beta_1 \mathrm{lnedu}_{it} \times I(\mathrm{Inedu} \leq f_1) + \beta_2 \mathrm{lnedu}_{it} \times I(\mathrm{Inedu} > f_2) + \delta_1 C_{it} + \varepsilon_{it} \tag{7-12}$$

式（7-12）中，Inedu 为门槛变量，f_1、f_2 分别表示以第 1 个、第 2 个门槛效应下的人力资本水平的门槛值；β_1、β_2 分别表示不同门槛区间下的人力资本变量的估计系数；$I(\cdot)$ 为示性函数，当门槛变量满足条件时取值为 1，反之则为

0；$\delta_1 C_{it}$ 为控制变量集；ε_{it} 为随机干扰项。

（二）以国民收入水平作为门槛变量

如第三章理论部分所言，收入是影响旅游消费最直接的因素，与旅游消费的水平和能力密切相关，因此人力资本对旅游消费的影响会随着收入水平的不同而改变，即人力资本对旅游消费的影响程度存在基于居民收入水平的门槛效应。鉴于此，本节以国民收入水平（lngni）为门槛变量，构建人力资本影响旅游消费的门槛模型，以此来捕捉不同国民收入水平下，人力资本对旅游消费的动态非线性影响。模型设定如下：

$$\text{lntcons}_{it} = \beta_{11} \text{lnedu}_{it} \times I(\text{lngni} \leq f_{11}) + \beta_{21} \text{edu}_{it} \times I(\text{lngni} > f_{21}) + \delta_{12} C_{it} + \varepsilon_{it} \quad (7-13)$$

式（7-13）中，lngni 为门槛变量，f_{11}、f_{21} 分别表示以第 1 个、第 2 个门槛效应下的国民收入水平的门槛值；β_{11}、β_{12} 分别表示不同门槛区间下的人力资本变量的估计系数；$I(\cdot)$ 为示性函数，当门槛变量满足条件时取值为 1，反之则为 0；$\delta_{12} C_{it}$ 为控制变量集；ε_{it} 为随机干扰项。

（三）以经济增长水平作为门槛变量

经济增长水平也是影响旅游消费最直接的因素，与旅游消费的水平和能力密切相关，因此人力资本对旅游消费的影响会随着国家经济增长水平的不同而改变，即人力资本对旅游消费的影响程度存在基于经济增长水平的门槛效应。鉴于此，本节以各国经济增长水平（lnpgdp）为门槛变量，构建人力资本影响旅游消费的门槛模型，以此来捕捉不同经济发展水平下，人力资本对旅游消费的动态非线性影响。模型设定如下：

$$\text{lntcons}_{it} = \beta_{21} \text{lnedu}_{it} \times I(\text{lnpgdp} \leq f_{22}) + \beta_{22} \text{lnedu}_{it} \times I(\text{lnpgdp} > f_{23}) + \delta_{13} C_{it} + \varepsilon_{it}$$

$$(7-14)$$

式（7-14）中，lnpgdp 为门槛变量的，f_{22}、f_{23} 分别表示以第 1 个、第 2 个门槛效应下的经济增长水平的门槛值；β_{21}、β_{22} 分别表示不同门槛区间下的人力资本变量的估计系数；$I(\cdot)$ 为示性函数，当门槛变量满足条件时取值为 1，反之则为 0；$\delta_{13} C_{it}$ 为控制变量集；ε_{it} 为随机干扰项。

四、实证结果分析

（一）门槛效应检验

根据 Hansen（1999）的研究思路，分别建立以各国人力资本水平（lnedu）、国民收入水平（lngni）、经济增长水平（lnpgdp）为门槛变量的门槛模型，验证各国人力资本与出境旅游消费之间的关系。遵循"从复杂到简单"的原则，采取"三重门槛效应检验→双重门槛效应检验→单一门槛效应检验"的路径，采用 Bootstrap 自抽样法逐一对上述三个门槛模型进行检验。表 7-13 汇报了考察期内各国的门槛效应检验结果。结果显示，人力资本在 1% 的统计水平上通过单一门槛、双重门槛检验，说明以人力资本水平为门槛变量时，人力资本对各国旅游消费的影响存在双重门槛效应。国民收入在 1% 的统计水平上通过单一门槛、双重门槛检验，说明以国民收入水平为门槛变量时，人力资本对各国旅游消费的影响存在双重门槛效应。经济增长在 1% 的统计水平上通过单一门槛、双重门槛检验，说明以经济增长水平为门槛变量时，人力资本对各国旅游消费的影响存在双重门槛效应。

表 7-13　门槛效应检验结果

门槛变量	模型	RSS	MSE	F 值	P 值	临界值		
						10%	5%	1%
人力资本水平	单一门槛	147.234	0.198	74.220	0.000	16.890	19.489	22.977
	双重门槛	141.629	0.190	29.400	0.007	16.018	20.708	28.096
	三重门槛	137.538	0.185	22.100	0.480	38.297	42.400	57.127
国民收入水平	单一门槛	145.249	0.196	82.770	0.000	16.410	20.099	27.505
	双重门槛	133.485	0.180	65.300	0.000	16.522	20.918	29.484
	三重门槛	123.288	0.166	61.280	0.473	80.643	87.028	97.704
经济增长水平	单一门槛	162.482	0.218	34.780	0.000	16.886	19.926	29.723
	双重门槛	156.541	0.210	28.200	0.010	17.075	20.961	27.652
	三重门槛	152.795	0.205	18.220	0.583	35.024	40.701	54.300

资料来源：笔者测算。

（二）门槛值检验

若门槛效应检验结果证明存在门槛效应，则需要进一步对门槛值进行识别，可以通过对比置信区间与临界值的大小来判定门槛值是否正确。为了更清晰地展示门槛值的构造过程及置信区间，本节分别绘制了人力资本水平、国民收入水平和经济增长水平不同门槛效应下的似然比函数图，又称为 LR 图。其门槛参数值的选取标准即为 LR 值为 0 时对应的数值，进一步结合 LR 图和门槛效应检验可以确定两个门槛变量的门槛估计值。

使用人力资本水平为门槛依赖变量，人力资本水平、国民收入水平和经济增长水平分别为门槛变量的门槛效应检验结果，如表 7-14 所示。以人力资本为门槛变量的门槛效应检验结果表明，临界值通过了单一门槛效应的 1% 置信水平的检验，也通过了双重门槛效应的 1% 置信水平的检验，三重门槛效果不显著，因此，人力资本存在双重门槛效应，人力资本水平的双重门槛值为 7.137 和 10.534。具体检验结果如图 7-3 所示。当国民收入水平为门槛变量时，临界值通过了单一门槛效应的 1% 置信水平的检验，也通过了双重门槛效应的 1% 置信水平的检验，三重门槛效果不显著，国民收入的双重门槛值为 26.403 和 27.643。具体检验结果如图 7-4 所示。以经济增长水平为门槛变量时，临界值通过了单一门槛效应的 1% 置信水平的检验，也通过了双重门槛效应的 1% 置信水平的检验，三重门槛效果不显著，经济增长水平的双重门槛值为 7.898 和 9.678。具体检验结果如图 7-5 所示。

表 7-14　门槛值及置信区间

模型	门槛估计值	95%的置信区间	门槛变量	门槛依赖变量
双重门槛	7.137	[7.1119, 7.1758]	人力资本	人力资本
	10.534	[10.5179, 10.5444]		
双重门槛	26.403	[26.3766, 26.4211]	国民收入	人力资本
	27.643	[27.6007, 27.6775]		
双重门槛	7.898	[7.8250, 7.9344]	经济增长	人力资本
	9.678	[9.6649, 9.7015]		

资料来源：笔者测算。

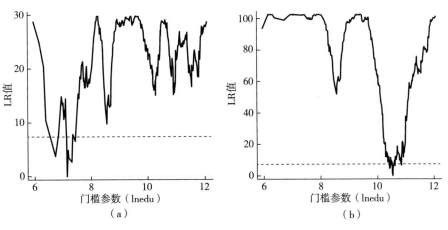

（a）　　　　　　　　　　　　（b）

图 7-3　人力资本水平门槛估计值及其置信区间

资料来源：笔者自绘。

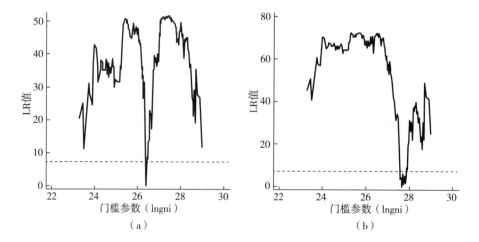

（a）　　　　　　　　　　　　　　（b）

图7-4　国民收入水平门槛估计值及其置信区间

资料来源：笔者自绘。

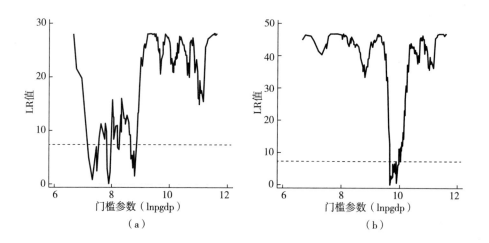

（a）　　　　　　　　　　　　　　（b）

图7-5　经济增长水平门槛估计值及其置信区间

资料来源：笔者自绘。

（三）门槛面板模型实证结果分析

上述分别对人力资本水平、国民收入水平和经济增长水平这三个门槛变量的门槛效应和门槛值进行了检验，结果证实人力资本水平、国民收入水平和经济增长水平具有双重门槛效应，人力资本对旅游消费的影响会随着这三个门槛变量的变化而变化。表7-15汇报了门槛效应估计的具体结果。

表 7-15　门槛效应估计结果

变量	以人力资本为门槛变量	以国民收入水平为门槛变量	以经济增长水平为门槛变量
lnedu（lnedu 低）	0.051 (0.041)		
lnedu（lnedu 中）	0.078** (0.039)		
lnedu（lnedu 高）	0.101*** (0.038)		
lnedu（lngni 低）		0.099*** (0.038)	
lnedu（lngni 中）		0.081** (0.038)	
lnedu（lngni 高）		0.104*** (0.038)	
lnedu（lnpgdp 低）			0.284*** (0.040)
lnedu（lnpgdp 中）			0.360*** (0.039)
lnedu（lnpgdp 高）			0.386*** (0.039)
常数项	8.814*** (0.691)	7.970*** (0.685)	7.313*** (0.780)
控制变量	是	是	是
R^2	0.741	0.745	0.671
N	782	780	780
F	44.510	48.940	44.510

注：*、**、***分别表示 10%、5% 和 1% 的显著性水平；括号内为标准误。

资料来源：笔者测算。

根据表 7-15 可知，以人力资本为门槛变量时，检验人力资本不同水平对出境旅游消费的影响是否存在门槛效应。当人力资本处于低水平小于门槛值 7.137 时，人力资本对出境旅游消费的促进作用并不显著，当人力资本处于中水平大于门槛值 7.137 小于 10.534 时，人力资本对出境旅游消费的回归系数为 0.078，并通过了 5% 的显著性检验，当人力资本处于高水平阶段大于门槛值 10.534 时，人力资本对出境旅游消费的回归系数为 0.101，并通过了 1% 的显著性检验，因此，随着人力资本的提高，人力资本对出境旅游消费具有边际效应递增的非线性特征。

以国民收入水平为门槛变量时，当国民收入处于低水平小于门槛值 26.403 时，人力资本对出境旅游消费的回归系数为 0.099，并通过了 1% 的显著性检验，当国民收入处于中水平大于门槛值 26.403 小于 27.643 时，人力资本对出境旅游消费的回归系数为 0.081，并通过了 5% 的显著性检验，当国民收入处于高水平大于门槛值 27.643 时，人力资本对出境旅游消费的回归系数为 0.104，并通过了 1% 的显著性检验。因此，不但人力资本对出境旅游消费具有正向影响，而且随着国民收入水平提高，人力资本对旅游消费促进作用呈现非线性特征。

以经济增长水平为门槛变量时，也存在经济增长水平的门槛效应，人力资本也能促进出境旅游消费水平。随着经济增长水平提高，人力资本对出境旅游消费的回归系数快速提升，当经济增长水平处于低水平小于门槛值 7.898 时，人力资本对出境旅游消费的回归系数为 0.284，并通过了 1% 的显著性检验，当经济增长水平处于中水平阶段大于门槛值 7.898 小于 9.678 时，人力资本对出境旅游消费的回归系数为 0.360，并通过了 1% 的显著性检验，当经济增长水平处于高水平大于门槛值 9.678 时，人力资本对出境旅游消费的回归系数为 0.386，并通过了 1% 的显著性检验。因此，与人力资本水平和国民收入水平门槛效应一致，随着经济增长水平的提升，人力资本对出境旅游消费具有递增的非线性特征。

本章小结

人力资本水平是旅游消费的一个重要影响因素，众多研究表明，人力资本在宏观上对旅游消费有重要的影响，但是很少研究对人力资本影响旅游消费水平及表现特征进行深入的分析。在此背景下，本章利用世界银行和国家统计局等数据库，通过空间杜宾模型和门槛效应模型在人力资本对旅游消费水平的宏观作用及特征方面进行实证研究。

首先本章对人力资本影响旅游消费的空间溢出效应进行了分析。第一节基于全国 31 个省份，从 2000~2018 年的省级面板数据，结合了 SAR、SEM 和 SDM 三种空间计量模型分析人力资本对旅游消费影响的空间效应，重点分析了 SDM 空间杜宾模型的结果，对人力资本作用效果的区域异质性进行了细致分析，最终总结得到下列三点结论：第一，根据空间自相关结果，人力资本与旅游消费存在空间自相关性，表现为"高高"集聚和"低低"集聚特征，验证了人力资本与旅游消费存在较强的空间正相关性。第二，从全国范围看，本地区人力资本不仅对本地区旅游消费具有显著的正向效应影响，邻近地区人力资本也可通过空间传播对本地区旅游消费产生正向促进效用。第三，从东部、中部和西部分别来看，人力资本都能充分表现出显著促进作用，但具体效果不同，东部和中部地区人力资本的直接效应更显著，间接效应并不显著。而在西部地区，直接效应和间接效应的作用效果都显著为正，人力资本对西部地区旅游消费的收入效应和示范效应突出，促进着本地区和其他地区的旅游消费不断提升。

其次本章还对人力资本影响旅游消费的非线性特征进行分析。第二节通过整理世界银行数据，汇总了47个国家（包括OECD国家和新兴市场国家）1996～2019年的出境旅游消费、人力资本水平、经济增长水平、国民收入水平和人口增长率等相关数据，构建了面板门槛模型，具体考察了人力资本对出境旅游消费水平的整体作用及非线性作用特征。第一，根据总体样本回归结果可知，人力资本对各国旅游消费具有显著促进作用。通过对OECD国家和新兴市场国家的异质性回归可以发现，人力资本对旅游消费的促进作用在中高收入国家更加显著，而对新兴市场国家旅游消费作用虽然为正但并不显著，回归结果与国际层面出现人力资本与旅游消费鸿沟的实际问题相符。第二，在人力资本对各国出境旅游消费的作用过程方面，随着人力资本、国民收入和经济增长水平在低中高水平的变化，人力资本对出境旅游消费的影响是非线性的过程。具体实证结果显示：以人力资本作为门槛变量，当出境旅游消费的双重门槛值为7.137和10.534时，在人力资本处于低水平阶段，人力资本对出境旅游消费的促进作用并不显著，在人力资本分别处于中水平和高水平阶段，人力资本对出境旅游消费的回归系数分别为0.078和0.101，并通过了5%和1%的显著性检验。以国民收入作为门槛变量，当出境旅游消费的双重门槛值为26.403和27.643时，在国民收入低水平、中水平和高水平阶段，人力资本对出境旅游消费的回归系数分别为0.099、0.081和0.104，并通过了1%、5%和1%的显著性检验。当经济增长水平作为门槛变量时，出境旅游消费的双重门槛值为7.898和9.678，在经济增长低水平、中水平和高水平阶段，人力资本对出境旅游消费的回归系数分别为0.284、0.360和0.386，均通过了1%的显著性水平检验。因此，随着人力资本水平、国民收入水平和经济增长水平的提高，人力资本可以正向显著促进出境旅游消费且呈现边际效应递增的非线性特征。

第八章　研究结论及展望

马克思在谈到消费需要及其满足时指出："消费的能力是消费的条件，因而是消费的首要手段，而这种能力是一种个人才能的发展，一种生产力的发展。"[①] 在新发展阶段，要推进我国成为旅游强国，不仅要强调我国旅游产业的转型升级，也应该关注我国人力资本水平对居民旅游消费力的重要作用，提高旅游市场供给与需求的匹配度。尽管目前文献的研究表明人力资本中教育水平、认知能力和非认知能力对旅游消费具有重要影响，但少有学者对人力资本如何影响旅游消费的问题进行系统化分析。本书通过梳理文献和相关理论，对人力资本影响旅游消费的作用机制进行了理论分析和数理模型推导，并由内到外和全面系统地对人力资本影响旅游消费的作用渠道和表现特征进行实证检验。本章作为整个研究的完结篇，将对前述章节的结论进一步总结和提炼，并基于研究结论提出政策建议，体现本书的理论与实践意义。最后，结合本书的研究局限阐述未来研究方向，以期在后续工作中不断深化该领域研究。

第一节　研究结论

本书旨在探究人力资本的消费性价值，重点分析人力资本水平对旅游消费的作用路径和整体影响，以期为我国旅游消费水平提升和旅游消费结构优化起到一定的借鉴作用。本书在研究过程中，首先，对相关文献进行梳理和总结，分析了人力资本与旅游消费的发展现状并对核心概念与相关理论进行阐释；其次，通过

---

① 中共中央马克思恩格斯列宁斯大林著作编译局．马克思恩格斯全集：第 46 卷下册［M］．北京：人民出版社，1980：225.

理论分析和模型推导揭示人力资本对旅游消费的促进作用和内在作用机理；最后，利用微观数据和宏观数据，对人力资本影响旅游消费的影响机理和作用特征进行实证检验。主要研究结论如下：

一、人力资本对旅游消费具有显著的正向影响

根据第三章理论分析可知，人力资本对旅游消费具有显著的促进作用，可以通过增强旅游消费能力和旅游消费意愿对旅游消费行为产生影响。为了对人力资本影响旅游消费的作用机理进行检验，本书先对人力资本与旅游消费的相关性进行分析，通过散点图、拟合图与灰色关联度分析得出了人力资本与旅游消费具有较强正相关性的结论。在此基础上，本书对人力资本影响旅游消费作用渠道和影响效应进行实证检验。通过使用微观和宏观数据，构建了混合 OLS 模型、Probit 模型、PLS-SEM 等多种计量模型，研究发现在个人、家庭、国内和国际层面的结果都支撑了人力资本对旅游消费起到促进作用这一主要结论。

二、旅游消费能力是人力资本影响旅游消费的作用渠道

为了对旅游消费能力渠道进行检验，本书利用 2014 年和 2018 年我国家庭追踪调查数据，分析户主人力资本对家庭旅游活动参与决策和旅游消费活动参与程度的影响。在这部分研究中本书得出两点结论：首先，通过构建 Probit 模型和混合 OLS 模型，证明了户主的人力资本水平对家庭旅游消费决策和参与程度都具有显著的正向影响。其次，通过构建中介效应模型，证明了人力资本可以通过家庭收入、家庭固定资产、互联网使用情况、休闲时间和社会关系这五个方面对家庭旅游消费的决策和参与程度产生影响。这说明人力资本不仅可以直接对旅游消费产生影响，还可以通过提高支付能力、消费技术、休闲时间和社交能力等旅游消费能力间接影响旅游消费行为。

三、旅游消费意愿是人力资本影响旅游消费的作用渠道

为了对旅游消费意愿渠道进行检验，本书将认知能力和非认知能力融入计划行为理论（TPB），形成了包含人力资本与旅游消费行为的理论模型，从模型设定上关注到个体人力资本的差异性，探讨人力资本对旅游消费行为的影响机制。采用 SmartPLS3.0 软件，构建 PLS-SEM 模型，形成认知能力与非认知能力的二阶（反映性—形成性）层级结构。首先，分析模型的路径系数，确定了非认知能力、认知能力、旅游态度、主观规范、知觉行为控制、旅游意愿和旅游消费行

为之间的关系。其次，探讨旅游态度、主观规范、知觉行为控制和旅游消费意愿在人力资本影响旅游消费过程中的多重中介作用，并证实了认知能力与非认知能力可以通过旅游态度、主观规范和知觉行为控制影响旅游消费意愿，进而影响旅游消费行为。

四、人力资本对旅游消费影响具有空间溢出效应

为了对人力资本影响旅游消费的空间溢出效应进行检验，本书基于全国31 个省份，整理了 2000~2018 年的省级面板数据，结合 SAR、SEM 和 SDM 三种空间计量模型分析人力资本对旅游消费的空间溢出效应，重点阐释了 SDM 空间杜宾模型的结果，并对中部地区、东部地区、西部地区的异质性进行细致分析，最终总结得到下列两点结论：第一，基于全国视角，一地区旅游消费增长不仅受该地区人力资本的正向效应影响，周边地区人力资本效应也可以通过空间传播对该地区旅游消费产生正向促进效果。第二，从分区域回归结果来看，东部地区和中部地区人力资本的直接效应更显著，间接效应并不显著。而在西部地区，直接效应和间接效应的作用效果都显著为正。因此，在西部地区人力资本对旅游消费的收入效应和示范效应更加突出，有助于提高本地区和周围区域旅游消费水平。

五、人力资本对旅游消费影响具有非线性特征

为了对人力资本影响旅游消费的非线性特征进行检验，本书通过整理世界银行数据，汇总了 1996~2019 年包括 OECD 国家和新兴市场国家的面板数据，构建了以人力资本水平、国民收入水平和经济增长水平为门槛变量的三个门槛模型，具体考察了人力资本对出境旅游消费影响的非线性特征。根据实证研究结果可知，在人力资本对各国出境旅游消费的作用过程方面，随着人力资本、国民收入和经济增长在低中高水平的变化，人力资本对出境旅游消费的影响呈现非线性特征。具体实证结果显示：以人力资本作为门槛变量时，出境旅游消费的双重门槛值为 7.137 和 10.534，在人力资本分别处于中水平和高水平阶段，人力资本对出境旅游消费的回归系数分别为 0.078 和 0.101。以国民收入作为门槛变量时，出境旅游消费的双重门槛值为 26.403 和 27.643，人力资本对出境旅游消费的回归系数分别为 0.099、0.081 和 0.104。以经济增长作为门槛变量时，出境旅游消费的双重门槛值为 7.898 和 9.678，人力资本对出境旅游消费的回归系数分别为 0.284、0.360 和 0.386。因此，随着人力资本水平、国民收入水平和经济增长水平的提高，人力资本可以促进出境旅游消费提高且呈现逐步递增的非线性特征。

<h1 style="text-align:center">第二节 政策建议</h1>

当前，我国正处于社会主要矛盾转变、经济发展方式调整及消费结构升级的新时期，人力资本水平全面提高，如何认识和发挥人力资本因素对旅游消费的刺激和推动作用，从而提升居民旅游消费水平，对以旅游消费引领消费结构升级、满足居民对美好生活的需要及提升居民生活幸福感至关重要。基于前文理论分析与实证结论，本书提出如下政策建议。

一、高度重视人力资本对旅游的消费性价值

本书不仅从理论上分析了人力资本对旅游消费的影响机理，还通过计量方法证明了无论是个人、家庭、国内还是国际层面，人力资本对旅游消费水平都具有显著的提升作用。为了充分发挥人力资本对旅游的消费性价值，提出建议如下：

一是要认识到人力资本对旅游消费的积极作用。马克思指出，一个人"要多方面的享受，他就必须有享受的能力，因此，他必须是具有高度文明的人"。"旅游是经济文化一体化的重要载体"。旅游消费作为享受型消费体现出个体的生活方式和态度，旅游消费类型选择和体验感受与旅游者自身物质消费能力与精神消费能力密切相关。要扩大旅游消费，提升旅游消费品质，发挥旅游消费扩内需、促增长、稳就业、惠民生和平衡国际收支的作用，首先要重视人力资本对旅游消费能力的重要作用。正确认识人力资本对旅游消费水平的整体作用及影响特征，认识到人力资本水平差距与旅游消费鸿沟问题的内在联系。在提高我国旅游消费水平和优化旅游消费结构过程中，除了关注传统经济因素外，还应重视人力资本积累，提升人力资本水平，优化人力资本结构，促进教育公共服务均等化，缩小人力资本地区差距和城乡差距，增强旅游消费的条件和能力，激发居民旅游消费意愿，扩大旅游消费需求，引导旅游消费升级。

二是要强化和改善人力资本投资。人力资本主要通过教育、培训和健康投入等方式获得，从旅游消费视角而言，人力资本积累对扩大旅游消费和优化旅游消费结构有着重要的促进作用。改革开放以来，尤其是党的十八大以来，党和政府高度重视人力资本的投入，财政性教育支出经费占 GDP 比重稳步提高，城乡居

民受教育年限不断增加，旅游者素质也随之提高，这客观上促进了旅游消费扩规模、提质量。但是，我们更要看到，发达国家和发展中国家、国内城乡之间的人力资本鸿沟问题依旧存在，人力资本较低的农村和偏远地区的消费者很难适应消费现代化的要求，这严重阻碍了旅游消费潜力释放。因此，除了要加大国内教育投入，同时还要优化国内人力资本投资结构。政府要把区域间和城乡间教育投入均等化放到突出的位置，加大财政性教育经费向农村、西部等人力资本欠发达地区的倾斜力度，尤其要重视基础教育和技能培训，丰富文化科技活动，全面提升居民文化知识、技能水平，形成健康文明的精神风尚与生活方式。我国居民有很大的旅游消费潜力和空间，可以通过提升居民人力资本水平，提高旅游消费意愿和消费能力，增强居民旅游消费的规模和占比，扩大旅游消费群体，从而推动旅游消费整体水平提升。

三是顺应发展新质生产力的要求，积极推进数字中国战略，全面提升旅游者数字素养，以增强数字经济时代旅游者的消费能力。首先，文旅发展以新质生产力为引领，深化数字技术应用，打破传统生产力的发展方式，高效率、高质量推动旅游产业的数字化转型。政府要加大对旅游业的数字化投入，推动云计算、大数据、人工智能等先进技术在旅游领域的规划建设、投资运营、管理服务等方面的广泛应用与创新作用，利用数字技术改造提升传统旅游消费场所，活化利用传统文化资源，不断扩大高品质文化和旅游产品供给。其次，要充分发挥文旅产业的绿色特质，借助大数据、云计算、物联网等先进技术，对文旅资源进行数字化管理，实现资源的高效配置和合理利用，降低能耗和排放，推动数字文旅产品的绿色设计与开发，推动文旅产业向绿色、低碳方向转型。最后，数字素养是指人们在数字化时代应具备的信息获取、处理、应用和创新的能力。对于旅游消费者而言，具备较高的数字素养能够更好地利用数字技术获取旅游信息、规划旅游行程、享受旅游服务。因此，政府要建立健全旅游数据安全管理制度，加强数据收集、存储、处理和使用的安全监管，强化数据安全管理，确保旅游市场的公平竞争和旅游者的合法权益。要加强对旅游消费者的数字素养培育，通过开展线上线下培训、宣传普及知识等方式，提高旅游者的数字应用能力和安全意识，鼓励旅游企业开展数字化营销活动，引导旅游者形成数字消费习惯。以文化为"魂"、以旅游为基、以科技为引领，推动旅游业的数字化转型和创新发展，为旅游者提供更加优质、便捷的服务体验，实现文旅产业新发展。

二、发挥人力资本对居民旅游消费效益的提升作用

本书认为人力资本是旅游"重要消费力"，居民人力资本积累有利于提升居民旅游消费效益。根据研究结论，人力资本水平的认知能力和非认知能力可以提升旅游消费能力与旅游消费意愿。因此，为了促进居民旅游消费效益提升，本书提出如下建议：

一是提高居民认知能力。认知能力提高有利于个体增强对旅游产品的鉴别、品位、评价的能力，使旅游消费者在进行旅游消费决策和购买时更富有理性和趋于优化。认知能力的获取主要是通过教育和培训。因此，首先，政府需要加强对认知能力的培养，少儿时期是培养认知能力的关键时期（Carneiro et al.，2006，；Cunha et al.，2010；Heckman et al.，2000；Heckman and Kautz，2012），可以适度强化学生词汇和数据计算的能力，提高学生学习能力。其次，居民自身也要主动进行认知能力的训练，有意识地关注锻炼自己阅读和记忆能力，学习理解和比较不同旅游产品信息的能力，提高对旅游产品的辨别和评价的能力。最后，要加强对旅游消费技能的教育。当前，我国旅游业正在加速恢复和向好发展，旅游者不仅希望追寻诗和远方，还提高了旅游的安全与体验意识。此时，需要从政策端和供给端共同发力，除了要提供更专业的旅游保险和旅游咨询服务，还需要加强旅游消费技能教育，优化相关政策措施，丰富旅游产品，缩小旅游消费的数字鸿沟，提高旅游消费流程的便捷度和安全性，增强旅游者享受旅游产品的能力和自我保护能力。只有这样，才能充分释放广大消费者的旅游需求，有效减轻旅游消费者的出行顾虑，助力旅游产业和旅游消费全面复苏。

二是重点培养居民非认知能力。非认知能力强的消费者更倾向于形成积极的旅游态度和旅游意愿，积极参与旅游等享乐活动，也更容易享受旅游，从旅游途中获取更多的愉悦和价值，从而提高旅游消费体验感和满意度，促进未来进行旅游消费，形成正向循环。非认知能力水平的提高不仅是通过学校教育途径，更重要的是从家庭和社会交往中获得。首先，政府需要进一步完善教育体系，侧重对居民非认知能力的培养，根据非认知能力形成规律，科学开展心理教育、抗压能力和情绪管理等课程。鼓励教师对学生提供更多的心理疏导和感情支持，培育学生形成健康的心智和豁达的胸怀。其次，家庭教育也要关注到非认知能力。家庭成长环境对非认知能力培养的作用并不亚于学校教育，甚至可能超过学校教育。家长应改变只看重成绩的教育方式，增加陪伴孩子的时间，加强对孩子的关爱，通过言传身教、情感沟通提高孩子的非认知能力。最后，个人也应关注到自身非

认知能力的提高，可以通过加强阅读、写作、演讲和培养音乐美术等方面的爱好从而训练提高自己的理解、表达和创新能力，还可以通过参与非认知能力相关课程和社会活动，在实践中提高自己的严谨性、开放性和情绪稳定性等非认知能力。

三、以人力资本强化加快西部地区旅游消费提升

本书证明了人力资本对旅游消费影响具有空间溢出效应，尤其是在西部地区人力资本对旅游消费影响的直接效应和间接效应都很显著，这说明提高西部地区人力资本水平，不仅有利于提升本区域旅游消费水平，还可以对周围区域旅游消费产生收入效应和示范效应，进而拉动其他区域的旅游消费增加。基于此，为了强化人力资本对西部地区旅游消费的提升作用，本书提出以下建议：

一是优化区域人力资本分布。人力资本流动性决定了地区间人口、经济、文化信息的交换，一地区的人力资本可以对其他区域人力资本产生影响进而改变其他地区的旅游消费行为。我国各地区间存在明显的人力资本差异。为此，政府要继续推进西部大开发战略，积极采取人才培养和人才引进措施，不断提高西部地区就业环境和生活条件，增强西部地区人才吸引力，优化人力资本区域分布，从而充分发挥人力资本对旅游消费的空间溢出效应，以此扩大旅游消费的市场区域和规模水平，带动西部地区旅游消费水平的整体提升。

二是增强西部地区人力资本投资力度。提升西部的人力资本水平，需要西部地区自身的努力，但在财力差异较大的客观条件下，加大对西部地区的人力资本投资和财政支持，保持投资的持续性和稳定性，是重要且紧迫的政策选择。要把高度重视西部地区的人力资本投资和着力缩小地区间的人力资本差距放到重要的战略地位。人力资本主要通过良好的教育和技能培训获得。与东部、中部地区居民相比，西部地区的居民受教育程度较低，所享受的教育资源和现代化教育手段都不够先进。为此，政府要把地区教育均衡和教育投入放到突出的位置，加大财政性教育向西部地区倾斜力度，重视引导社会资金投资西部地区的教育事业。通过较大力度增加对西部地区的教育投入，全面提升西部地区居民文化知识和技能水平，并形成更加健康文明和追求文化精神需求的风尚，从而提高西部地区居民旅游消费主观意愿和支付能力。

四、根据游客人力资本特征优化产品与营销

本书第五章实证研究中，证明了人力资本水平及其不同维度对旅游消费行为

都存在显著的影响。为了解决旅游供需错位问题和释放旅游需求，旅游企业在面对不同人力资本特征的旅游者时，需要生产与游客非认知能力和认知能力相匹配的旅游产品，还需要高度重视改进旅游体验和优化旅游营销。基于此，本书提出以下建议：

一是优化旅游产品，提高旅游产品中的文化含量。人力资本水平提高也增强了旅游者精神消费能力。如今，随着旅游者人力资本积累不断增强，其文化素养普遍提高，旅游者物质消费能力和精神消费能力大幅提升，他们对旅游活动中的文化元素越来越重视，推动文旅深度融合成为加快旅游业高质量发展的必然选择。为了适应这一新特征和新诉求，要求旅游企业在旅游产品中深度嵌入文化元素，大力提高旅游产品中的文化含量。在挖掘和提升旅游的文化内涵与品位，探索旅游文化产品开发模式、内容构成和体验场景等方面下功夫，提供适应旅游者需求的文化旅游精品，以实现经济效益和社会价值的双赢。

二是顺应数字经济时代旅游者的消费偏好，加快开发高品质数字文旅产品。在大数据发展日新月异的当下，旅游者的消费偏好正经历着深刻变革。传统的旅游产品和服务已无法满足现代旅游者对于个性化、便捷化、智能化的需求。因此，中国旅游行业亟须顺应数字化浪潮，应审时度势、精心谋划，加快开发高品质的数字文旅产品，推动文旅产业跨越性、智慧化发展。首先，应深度洞察旅游者的消费偏好变化。通过大数据分析、人工智能技术等手段，对消费者旅游目的地的选择、旅游活动的安排、旅游服务的体验等方面进行深入研究，精准把握旅游市场的动态变化和旅游者的行为特征。其次，要充分利用数字技术提升旅游产品的品质。通过虚拟现实（VR）、增强现实（AR）、混合现实（MR）等技术，为旅游者打造沉浸式的旅游体验。同时，应注重数字文旅产品的创新与差异化，旅游企业应与科技公司、高校等机构紧密合作，共同研发具有自主知识产权的数字文旅产品，形成独特的竞争优势，利用人工智能和物联网技术，提供智能化的旅游服务，如智能导游、智能推荐等，以满足旅游者的个性化需求。

三是关注中国特色旅游消费行为，进行个性化营销。旅游产业发展和旅游产品的营销要强化对消费者个人非认知能力分析，根据不同非认知能力旅游者特点归纳总结旅游者类型，并进一步通过网络信息渠道、虚拟体验、元宇宙等科技手段针对性提升不同类型旅游消费者的体验感，促进旅游消费意愿的形成和扩大旅游消费需求。研究和把握旅游消费观念、消费决策过程、旅游规划、信息获取渠道、心理状态等，关注中国特色旅游消费特点，如在传统文化影响旅游消费的"面子""人情""关系"导向，以及经济、文化和政治因素共同影响下各人力资本水平群体消费的差异。因此，应基于农村居民、老年人、中小学生、父母、残疾人等不同群体的特征和诉求，匹配消费者认知能力和非认知能力，重视中国特色消费文化共通性，坚持"以人为本"的消费理念，提供柔性化服务，增强旅游消费营销的针对性，动态更新和优化旅游产品与旅游模式。旅游供给方应该加强对不同人力资本水平消费者旅游消费行为、偏好和趋势的学习、总结和分析，探索消费新诉求和增长点，通过大数据等数字技术进行个性化营销，充分利用互联网和在线旅游平台，刺激旅游消费，培育和创新旅游消费的内容和形式，根据消费者游后反馈优化和改进旅游产品，促进旅游消费提质扩容。

五、提升对国际高人力资本游客的接待能力

本书第七章中异质性分析的结果为人力资本对 OECD 国家的旅游消费促进作用更加显著，这说明具有高人力资本的发达国家旅游者的旅游消费能力与消费意愿更强，旅游消费水平也更高。这一结论与第三章国际旅游现状分析一致，均说明了国际旅游消费的主体是发达国家的高人力资本水平旅游消费者这一事实，为了更好地提高我国对国际游客的接待能力，本书提出以下建议：

一是提升中国旅游的国际形象，唱响中国旅游品牌，增加中国旅游市场对国际高人力资本游客的吸引力。首先，各级政府部门要深入挖掘和传承中国旅游文化的独特魅力，加强对旅游资源的保护和开发，制定多渠道、多形式、创新性的品牌推广策略，通过文化创新、旅游产品设计等方式，构建具有中国特色的旅游品牌体系，深化与国际旅游机构的合作与交流，利用国际媒体、社交平台等渠道整合优质旅游资源、促进文化互鉴，扩大中国旅游在国际市场的影响力和知名度，充分展现中国旅游的自然之美、人文之韵、社会之进，将旅游资源优势更好地转化为经济优势。其次，要以高品质的服务吸引高人力资本国际游客。高人力资本游客通常具有较高的文化素养和消费能力，是旅游市场的重要客群。要进一步提升旅游景区的硬件设施和公共服务水平，打造宜居宜游的旅游环境，提升旅游环境的舒适度和便利性，要创新旅游产品，紧跟市场趋势、结合游客兴趣，开发具有差异化、个性化、定制化的旅游产品和服务，通过加强行业监管、提高从业人员服务技能培训、优化服务流程等措施，确保游客在旅游过程中的满意度和舒适度，进一步满足国外旅游消费者更加多元化的旅游需求和更高的旅游品质要求。同时，加强与国际知名高校、研究机构的合作，吸引更多高人力资本游客前来中国旅游、交流与合作。

二是创新国际旅游消费的营销策略。入境旅游作为我国旅游业的重要组成部

分，对于提高我国旅游产业综合水平、强化世界各国和地区人民间的包容理解，以及弘扬传播中华民族优秀、先进和独特的文化内涵，意义非同一般。目前全球旅游消费呈现消费全球化趋势，尤其是人力资本水平高的国家的出境旅游意愿更为强烈、旅游消费水平更高。中高收入国家和一些新兴市场国家，事实上是国际层面旅游消费的主体，我国应该高度重视开展针对这些国家旅行者的营销工作，传播中国旅游品牌，让他们把我国作为首选的旅游目的地。重视营销，并使用科学的营销方法。比如，要实施分区域、分阶段营销。中高收入国家在经济、社会、文化和人力资本水平等方面都存在显著差异。我们要善于根据人力资本水平、居民收入和经济增长水平的不同阶段进行分阶段营销，并在分阶段营销的基础上对旅游消费国家采取分区营销策略。

三是把准中高收入国家出境旅游者的消费偏好。不同的国家和地区有着不同的历史、自然、社会与经济特征，中国旅游目的地对其旅游者的吸引力也不尽一致。国外出境旅游者对中国目的地形象感知、前往动机和行为偏好也都存在差异。因此，要有效吸引国际旅游者，必须深入、动态地研究潜在旅游者的特征及其对具体目的地的感知、出游意愿和出游期待，尤其是要把握好中高收入国家出境旅游者的消费偏好，从而有针对性地开展旅游营销和接待服务，增加我国旅行服务贸易收入。

四是提升中国文化和旅游资源的吸引力。高人力资本国家旅游者通常具有较高的精神消费力，应根据其旅游消费需求，充分发挥我国历史文化资源优势。按照"政府主导、企业主体、市场运作、多方协作、分类推进"的原则，积极组织"美丽中国"旅游形象推广，设计推出更多国际化程度高、彰显中华民族特色、契合境外游客需求偏好的优质旅游产品体系，以消费者需求为导向推销旅游目的地的核心吸引产品和服务，通过缔结国际友好姐妹城市和举办旅游产品博览会等方式加强与重点目的地国家（地区）旅游交流，推动中国文化传播，展现中国独具魅力的历史文化和旅游资源，提高旅游基础设施和服务水平，提升对国际高人力资本游客的吸引力和接待能力。

第三节　研究局限与展望

从既有文献看，由于本书研究主题还处于初步探索阶段，且数据可得性也受限，本书的研究还有一些不足之处，有待不断深入挖掘。展望未来，以下问题有待进一步完善和拓展：

一、提高非认知能力构建的严谨性和科学性

本书在人力资本认知能力和非认知能力变量的选取上，为了尽可能最大范围地汇总认知能力和非认知能力问题的相关数据，在变量构造时只使用 2014 年和 2018 年的数据，但由于问卷中有少数问题并不完全一样，因此，构建认知能力和非认知能力变量时只选择了统一问题，但这样也局限了变量构造的问题数量。在未来研究中，期待 CFPS 数据库认知能力与非认知能力问题能更加统一的，可以利用最新公布的数据对变量构造进行完善。因此，在以后的研究中新人力资本研究可以进一步对能力的概念进行更加具体和量化的定义，为实证研究提供变量构造的理论依据，提高变量构造的严谨性和科学性，促进对实际问题的深入研究。

二、加强人力资本对中国特色旅游消费的影响研究

在中国特色旅游消费行为研究方面，人力资本的认知能力和非认知能力也发挥着重要的影响作用。但本书核心自变量是人力资本，侧重人力资本对旅游消费的影响分析。因此，针对认知能力和非认知能力对旅游消费的具体影响研究不够深入。尤其是大五人格代表的不同旅游者类型，与其选择旅游地、旅游业态和旅游消费模式的联系更加紧密。随着人力资本对旅游消费影响研究的不断深入和细化，可以对此内容进行更新和发展。接下来的研究可以对此内容进行更加细致的分析，尤其是宜人性特征。本书验证了非认知能力的宜人性对参与旅游活动和旅游消费程度影响都很显著，这结果符合中国"面子消费""人情消费"等消费特点，未来可以对其他非认知能力特点的消费者进行旅游消费群体分析，从而加深对我国旅游消费行为的特点的认知与理解。

三、探索人力资本对城乡居民旅游消费差距的影响

在旅游消费问题的研究中，农村居民旅游消费较低的问题逐渐凸显。城乡居民旅游消费差距不断扩大严重限制了居民旅游消费水平的提升。很多学者已经证明了农村旅游消费潜力巨大，并从收入、文化和互联网角度对缩小城乡旅游消费差距进行深入研究（周笋芳和卜显红，2014；王冉，2022）。受限于城乡居民旅游消费数据的可得性，本书未能对此问题进行实证分析。为了充分释放农村旅游

消费需求，接下来的研究可以通过尝试更多视角，从城乡人力资本差距来探寻城乡居民旅游消费差距形成的原因。注重人力资本对城乡居民旅游消费差距的影响研究，不仅在理论上可以为缩小城乡居民旅游消费差距问题提供新的解决思路，还能在实践上，充分利用人力资本对旅游消费的促进作用，缓解城乡居民旅游消费差距扩大的现实问题。

参考文献

［1］Abbate C S, Di Nuovo S. Motivation and personality traits for choosing religious tourism: A research on the case of Medjugorje ［J］. Current Issues in Tourism, 2013, 16 (5): 501-506.

［2］Aina C, Sonedda D. Investment in education and household consumption ［R］. Centre for North South Economic Research, University of Cagliari and Sassari, 2018.

［3］Ajzen I, Driver B L. Application of the theory of planned behavior to leisure choice ［J］. Journal of Leisure Research, 1992, 24 (3): 207-224.

［4］Ajzen I. The theory of planned behavior ［J］. Organizational Behavior and Human Decision Process, 1991, 50 (2): 179-211.

［5］Allport G W. Personality: A psychological interpretation ［J］. American Journal of Sociology, 1937, 45 (1): 48-50.

［6］Anderson J R. Learning and memory: An integrated approach ［M］. New York: John Wiley & Sons Inc. , 2000.

［7］Anwar T. Measuring inequality of consumption and opportunities in pakistan: 2001-02 and 2004-05 ［J］. Pakistan Economic and Social Review, 2009, 47 (2): 157-181.

［8］Arnal Sarasa M, de Castro Pericacho C, Martín Martín M P. Consumption as a social integration strategy in times of crisis: The case of vulnerable households ［J］. International Journal of Consumer Studies, 2020, 44 (2): 111-121.

［9］Baron R M, Kenny D A. The moderator-mediator variable distinction in social psychological research: Conceptual, strategic, and statistical considerations ［J］. Journal of Personality and Social Psychology, 1986, 51 (6): 1173-1182.

［10］Barro R J, Lee J W. International measures of schooling years and schooling quality [J]. The American Economic Review, 1996, 86 (2): 218-223.

[11] Baumgartner H. Toward a personology of the consumer [J]. Journal of Consumer Research, 2002, 29 (2): 286-292.

[12] Becker G S. Accounting for tastes [M]. Cambridge: Harvard University Press, 1996.

[13] Bentler P M, Chou C P. Practical issues in structural modeling [J]. Sociological Methods & Research, 1987, 16 (1): 78-117.

[14] Bertrand M, Morse A. Trickle-down consumption [J]. Review of Economics and Statistics, 2016, 98 (5): 863-879.

[15] Beutel M E, Brähler E, Glaesmer H, et al. Regular and problematic leisure-time Internet use in the community: Results from a German population-based survey [J]. Cyberpsychology, Behavior, and Social Networking, 2011, 14 (5): 291-296.

[16] Black S E, Devereux P J, Lundborg P, et al. Learning to take risks? The effect of education on risk-taking in financial markets [J]. Review of Finance, 2018, 22 (3): 951-975.

[17] Bosnjak M, Galesic M, Tuten T. Personality determinants of online shopping: Explaining online purchase intentions using a hierarchical approach [J]. Journal of Business Research, 2007, 60 (6): 597-605.

[18] Bowman M J. Principles in the valuation of human capital [J]. Review of Income and Wealth, 1968, 14 (3): 217-246.

[19] Caner M, Hansen B E. Instrumental variable estimation of a threshold model [J]. Econometric Theory, 2004, 20 (5): 813-843.

[20] Carneiro P, Crawford C, Goodman A. Which skills matter? [R]. Centre for the Economics of Education, London School of Economics and Political Science, 2006.

[21] Cattell R B. Intelligence: Its structure, growth and action [M]. Amsterdam: Elsevier, 1987.

[22] Ceci S, Williams W. Schooling, intelligence, and income [J]. American Psychologist, 1997, 52 (10): 1051-1058.

[23] Cepeda-Carrion I, Leal-Millán A G, Martelo-Landroguez S, et al. Absorptive capacity and value in the banking industry: A multiple mediation model [J].

Journal of Business Research, 2016, 69 (5): 1644-1650.

[24] Chai A. Consumer specialization and the demand for novelty: A reconsideration of the links and implications for studying fashion cycles in tourism [J]. Jahrbücher für National? Konomie und Statistik, 2012, 232 (6): 678-701.

[25] Chen B, Feng Y. Determinants of economic growth in China: Private enterprise, education, and openness [J]. China Economic Review, 2000, 11 (1): 1-15.

[26] Cheng Z. Education and consumption: Evidence from migrants in Chinese cities [J]. Journal of Business Research, 2021, 127: 206-215.

[27] Chin W W. The partial least squares approach to structural equation modeling [J]. Modern Methods for Business Research, 1998, 295 (2): 295-336.

[28] Cohen J. Statistical power analysis for the behavioral 698 sciences [J]. Statistical Power Analysis for the Behavioral Sciences, 1988 (2): 495.

[29] Cortés-Jiménez I, Durbarry R, Pulina M. Estimation of outbound Italian tourism demand: A monthly dynamic EC-LAIDS model [J]. Tourism Economics, 2009, 15 (3): 547-565.

[30] Costa Jr P T, McCrae R R. Four ways five factors are basic [J]. Personality and Individual Differences, 1992, 13 (6): 653-665.

[31] Cunha F, Heckman J J, Schennach S M. Estimating the technology of cognitive and noncognitive skill formation [J]. Econometrica, 2010, 78 (3): 883-931.

[32] De Giorgi G, Frederiksen A, Pistaferri L. Consumption network effects [J]. The Review of Economic Studies, 2020, 87 (1): 130-163.

[33] Delesalle E. The effect of the universal primary education program on consumption and on the employment sector: Evidence from Tanzania [J]. World Development, 2021 (142): 105345.

[34] Duarte Alonso A, Sakellarios N, Pritchard M. The theory of planned behaviour in the context of cultural heritage tourism [J]. Journal of Heritage Tourism, 2015, 10 (4): 399-416.

[35] Earl P E. Consumer goals as journeys into the unknown [A] //The active consumer [M]. London: Routledge, 2006: 122-139.

[36] Edwards J R, Bagozzi R P. On the nature and direction of relationships between constructs and measures [J]. Psychological Methods, 2000, 5 (2): 155.

[37] Falcao R P Q, Ferreira J B, Filho M C M D C. The influence of ubiquitous connectivity, trust, personality and generational effects on mobile tourism purchases [J]. Information Technology & Tourism, 2019, 21 (4): 483-514.

[38] Fassio C, Montobbio F, Venturini A. Skilled migration and innovation in european industries [J]. Research Policy, 2019, 48 (3): 706-718.

[39] Fornell C, Larcker D F. Evaluating structural equation models with unobservable variables and measurement error [J]. Journal of Marketing Research, 1981, 18 (1): 39-50.

[40] Freeman R B. The facts about the declining economic value of college [J]. The Journal of Human Resources, 1980, 15 (1): 124-142.

[41] Hair Jr J F, Sarstedt M, Hopkins L, et al. Partial least squares structural equation modeling (PLS-SEM) an emerging tool in business research [J]. European Business Review, 2014, 26 (2): 106-121.

[42] Goldberg L R. The development of markers for the Big-Five factor structure [J]. Psychological Assessment, 1992, 4 (1): 26.

[43] Golder S A, Macy M W. Digital footprints: Opportunities and challenges for online social research [J]. Annual Review of Sociology, 2014, 40 (1): 129-152.

[44] Gourinchas P O, Parker J A. Consumption over the life cycle [J]. Econometrica, 2002, 70 (1): 47-89.

[45] Hair J F, Ringle C M, Sarstedt M. Partial least squares structural equation modeling: Rigorous applications, better results and higher acceptance [J]. Long Range Planning, 2013, 46 (1-2): 1-12.

[46] Hair J F, Ringle C M, Sarstedt M. PLS-SEM: Indeed a silver bullet [J]. Journal of Marketing Theory and Practice, 2011, 19 (2): 139-152.

[47] Hair J F, Sarstedt M, Ringle C M, et al. An assessment of the use of partial least squares structural equation modeling in marketing research [J]. Journal of the Academy of Marketing Science, 2012 (40): 414-433.

[48] Hansen B E. Inference when a nuisance parameter is not identified under the null hypothesis [J]. Econometrica, 1996 (2): 413-430.

[49] Hansen B E. Sample splitting and threshold estimation [J]. Econometrica, 2000, 68 (3): 575-603.

[50] Hansen B E. Threshold effects in non-dynamic panels: Estimation, tes-

ting, and inference [J]. Journal of Econometrics, 1999, 93 (2): 345-368.

[51] Hartley D. Education and the culture of consumption: Personalisation and the social order [M]. London: Routledge, 2012.

[52] Heckman J J, Hsse J J, Rubinstein Y. The GED is a mixed signal: The effect of cognitive and non-cognitive skills on human capital and labor market outcomes [J]. University of Chicago Xerox, 2000.

[53] Heckman J J, Kautz T. Hard evidence on soft skills [J]. Labour Economics, 2012, 19 (4): 451-464.

[54] Heckman J J, Larenas M I, Urzua S. Accounting for the effect of schooling and abilities in the analysis of racial and ethnic disparities in achievement test scores [J]. Unpublished Manuscript, University of Chicago, Department of Economics, 2004.

[55] Heckman J J, Stixrud J, Urzua S. The effects of cognitive and noncognitive abilities on labor market outcomes and social behavior [J]. Journal of Labor Economics, 2006, 24 (3): 411-482.

[56] Heckman J J. Integrating personality psychology into economics [R]. NBER Working Papers, 2011.

[57] Hergenhahn B R, Olson M H. An introduction to theories of personality [M]. New Jersey: Prentice-Hall, 1999.

[58] Hong G S, Morrison A M, Cai L A. Household expenditure patterns for tourism products and services [J]. Journal of Travel & Tourism Marketing, 1996, 4 (4): 15-40.

[59] Hoxter A L, Lester D. Tourist behavior and personality [J]. Personality and Individual Differences, 1988, 9 (1): 177-178.

[60] Jackson D L. Revisiting sample size and number of parameter estimates: Some support for the N: q hypothesis [J]. Structural Equation Modeling, 2003, 10 (1): 128-141.

[61] Jani D. Big five personality factors and travel curiosity: Are they related? [J]. Anatolia, 2014, 25 (3): 444-456.

[62] Jorgenson D W, Fraumeni B M. Investment in education and US economic growth [J]. The Scandinavian Journal of Economics, 1992 (94): 51-70.

[63] Kaplan S, Manca F, Nielsen T A S, et al. Intentions to use bike-sharing for holiday cycling: An application of the theory of planned behavior [J]. Tourism

Management, 2015 (47): 34-46.

[64] Kendrick J W. The formation and stocks of total capital [R]. NBER Books, 1976.

[65] Kim H, Park J H, Lee S K, et al. Do expectations of future wealth increase outbound tourism? Evidence from Korea [J]. Tourism Management, 2012, 33 (5): 1141-1147.

[66] Kim M J, Bonn M, Lee C K, et al. Effects of personality traits on visitors attending an exposition: The moderating role of anxiety attachment [J]. Asia Pacific Journal of Tourism Research, 2018, 23 (5): 502-519.

[67] Kline R B. Principles and practice of structural equation modeling [M]. New York: Guilford Publications, 2015.

[68] Kvasova O. The Big Five personality traits as antecedents of eco-friendly tourist behavior [J]. Personality and Individual Differences, 2015 (83): 111-116.

[69] Lehto X Y, O'Leary J T, Morrison A M. Do psychographics influence vacation destination choices? A comparison of British travellers to North America, Asia and Oceania [J]. Journal of Vacation Marketing, 2002, 8 (2): 109-125.

[70] LeSage J P. An introduction to spatial econometrics [J]. Revue d'économie Industrielle, 2008 (123): 19-44.

[71] Lindell M K, Whitney D J. Accounting for common method variance in cross-sectional research designs [J]. Journal of Applied Psychology, 2001, 86 (1): 114.

[72] Lohmöller J B. Latent variable path modeling with partial least squares [M]. Springer Science & Business Media, 2013.

[73] McCrae R R, John O P. An introduction to the five-factor model and its applications [J]. Journal of Personality, 1992, 60 (2): 175-215.

[74] McMahon W W. Consumption and other benefits of education [A] //Economics of Education [M]. New York: Pergamon, 1987: 129-133.

[75] Mehmetoglu M. Personality effects on experiential consumption [J]. Personality and Individual Differences, 2012, 52 (1): 94-99.

[76] Michael R T. Education and consumption [A] //Education, Income, and Human Behavior [M]. Cambridge: NBER, 1975: 233-252.

[77] Mu R. Income shocks, consumption, wealth, and human capital: Evi-

dence from Russia [J]. Economic Development and Cultural Change, 2006, 54 (4): 857-892.

[78] Mueller G, Plug E. Estimating the effect of personality on male and female earnings [J]. Ilr Review, 2006, 60 (1): 3-22.

[79] Nyhus E K, Pons E. The effects of personality on earnings [J]. Journal of Economic Psychology, 2005, 26 (3): 363-384.

[80] Otero-López J M, Pol E V. Compulsive buying and the five factor model of personality: A facet analysis [J]. Personality and Individual Differences, 2013, 55 (5): 585-590.

[81] Pearce D G. Tourist time-budget [J]. Annals of Tourism Research, 1988, 15 (1): 106-121.

[82] Perugini M, Bagozzi R P. The role of desires and anticipated emotions in goal-directed behaviours: Broadening and deepening the theory of planned behaviour [J]. British Journal of Social Psychology, 2001, 40 (1): 79-98.

[83] Petroman C, Bidireac I C, Petroman I, et al. The impact of education on the behaviour of the consumer of animal origin food products [J]. Procedia-Social and Behavioral Sciences, 2015 (190): 429-433.

[84] Plog S C. Leisure travel: Making it a growth market...again! [M]. New York: John Wiley and Sons, 1991.

[85] Rammstedt B, John O P. Measuring personality in one minute or less: A 10-item short version of the Big Five Inventory in English and German [J]. Journal of Research in Personality, 2007, 41 (1): 203-212.

[86] Ren Y, Zhang Y, Campos B C, et al. Unhealthy consumption behaviors and their intergenerational persistence: The role of education [J]. China Economic Review, 2020 (62): 101208.

[87] Richards G. Production and consumption of European cultural tourism [J]. Annals of Tourism Research, 1996, 23 (2): 261-283.

[88] Ringle C M, Sarstedt M, Straub D W. Editor's comments: A critical look at the use of PLS-SEM in "MIS Quarterly" [J]. MIS Quarterly, 2012, 36 (1): 3-14.

[89] Romer P M. Increasing returns and long-run growth [J]. Journal of Political Economy, 1986, 94 (5): 1002-1037.

[90] Rumberger R W. The impact of surplus schooling on productivity and earnings [J]. Journal of Human Resources, 1987, 22 (1): 24-50.

[91] Schiopu A F, Pădurean A M, Tală M L, et al. The influence of new technologies on tourism consumption behavior of the millennials [J]. Amfiteatru Economic Journal, 2016 (18): 829-846.

[92] Schwab D P. Construct validity in organizational behavior [J]. Research in Organization Behavior, 1980 (2): 3-43.

[93] Schwartz S, Ben David A. Responsibility and helping in an emergency: Effects of blame, Ability and denial of responsibility [J]. Sociometry, 1976, 39 (4): 406-415.

[94] Scitovsky T. The joyless economy: An inquiry into human satisfaction and consumer dissatisfaction [M]. Oxford: Oxford University Press, 1976.

[95] Seetaram N. Estimating demand elasticities for Australia's international outbound tourism [J]. Tourism Economics, 2012, 18 (5): 999-1017.

[96] Seibert S E, Kraimer M L. The five-factor model of personality and career success [J]. Journal of Vocational Behavior, 2001, 58 (1): 1-21.

[97] Sertkan M, Neidhardt J, Werthner H. What is the "Personality" of a tourism destination? [J]. Information Technology & Tourism, 2019, 21 (1): 105-133.

[98] Shaw K L. An empirical analysis of risk aversion and income growth [J]. Journal of Labor Economics, 1996, 14 (4): 626-653.

[99] Skinner B F. Science and human behavior [M]. New York: Simon and Schuster, 1965.

[100] Song H, Romilly P, Liu X. An empirical study of outbound tourism demand in the UK [J]. Applied Economics, 2000, 32 (5): 611-624.

[101] Sun P C, Lee H S, Chen T S. Analysis of the relationship between household life cycle and tourism expenditure in Taiwan: An application of the infrequency of purchase model [J]. Tourism Economics, 2015, 21 (5): 1015-1033.

[102] Tajfel H E. Differentiation between social groups: Studies in the social psychology of intergroup relations [M]. New York: Academic Press, 1978.

[103] Talwar S, Srivastava S, Sakashita M, et al. Personality and travel intentions during and after the COVID - 19 pandemic: An artificial neural network

(ANN) approach [J]. Journal of Business Research, 2022 (142): 400-411.

[104] Tehseen S, Sajilan S, Gadar K, et al. Assessing cultural orientation as a reflective-formative second order construct-a recent PLS-SEM approach [J]. Review of Integrative Business and Economics Research, 2017, 6 (2): 38.

[105] Thompson E R, Prendergast G P. The influence of trait affect and the five-factor personality model on impulse buying [J]. Personality and Individual Differences, 2015, 76: 216-221.

[106] Tobler W R. A Computer Movie Simulating Urban Growth in the Detroit Region [J]. Economic Geography, 1970, 46 (1): 234-240.

[107] Tran X, Nguyen B L, Nguyen M C. Effects of the big five personality traits on recreation Types-The case of Vietnam tourism [Z]. 2015.

[108] Wang M, Ning Y. The social integration of migrants in Shanghai's urban villages [J]. The China Review, 2016, 16 (3): 93-120.

[109] Witt U. Learning to consume-A theory of wants and the growth of demand [J]. Journal of Evolutionary Economics, 2001 (11): 23-36.

[110] Wang Y, Yao Y D. Sources of China's economic growth 1952-1999: Incorporating human capital accumulation [J]. China Economic Review, 2003, 14 (1): 32-52.

[111] Yang Y, Liu Z H, Qi Q. Domestic tourism demand of urban and rural residents in China: Does relative income matter? [J]. Tourism Management, 2014 (40): 193-202.

[112] Zagorsky J L. Do you have to be smart to be rich? The impact of IQ on wealth, income and financial distress [J]. Intelligence, 2007, 35 (5): 489-501.

[113] Zhang C, Feng G. More wealth, less leisure? Effect of housing wealth on tourism expenditure in China [J]. Tourism Economics, 2018, 24 (5): 526-540.

[114] Zhang J, Sui Y. Theoretical research on sustainable ecological environment based on the concept of green tourism consumption [J]. International Journal of Environmental Technology and Management, 2020, 23 (2-4): 83-90.

[115] Zhang X, He Y. Influence of educational attainment on consumption [J]. Frontiers of Education in China, 2007 (2): 259-272.

[116] Zhang Y, Ma E, Qu H. An explorative analysis of Shanghai residents' outbound travel preferences during global financial crisis [J]. Anatolia, 2012, 23

（3）：315-327.

［117］Zhao X，Lynch Jr J G，Chen Q. Reconsidering Baron and Kenny：Myths and truths about mediation analysis ［J］. Journal of Consumer Research，2010，37（2）：197-206.

［118］Zheng B，Zhang Y. Household expenditures for leisure tourism in the USA，1996 and 2006 ［J］. International Journal of Tourism Research，2013，15（2）：197-208.

［119］白凯，马耀峰. 旅游者购物偏好行为研究——以西安入境旅游者为例［J］. 旅游学刊，2007（11）：52-57.

［120］白凯. 旅游消费者行为学 ［M］. 北京：高等教育出版社，2020.

［121］曹守慧，孙飞，丁士军. 宅基地流转对居民家庭消费的影响研究［J］. 农业技术经济，2023，333（1）：17-31.

［122］陈博欧，张锦华. 社交能力与农民工工资性收入 ［J］. 财经研究，2021，47（11）：124-138.

［123］陈灿平，刘梅，张国峰. 居民收入增长、金融资产发展与国内旅游消费的动态关系 ［J］. 财经科学，2011（9）：25-31.

［124］陈嘉伦. 高尔夫旅游者消费行为特征研究 ［D］. 广州：暨南大学，2014.

［125］陈凯，刘银. 农村家庭社会关系对旅游消费支出的影响——基于CFPS2018 调查数据 ［J］. 中国旅游评论，2021（1）：89-99.

［126］陈新颖，彭杰伟. 森林旅游行为调查及发展对策——以环南宁森林旅游圈为例 ［J］. 林业资源管理，2017（3）：20-24.

［127］程虹，李唐. 人格特征对于劳动力工资的影响效应——基于中国企业—员工匹配调查（CEES）的实证研究 ［J］. 经济研究，2017，52（2）：171-186.

［128］程遂营. 我国居民的休闲时间、旅游休闲与休闲旅游 ［J］. 旅游学刊，2006（12）：9-10.

［129］崔静雯，徐书林，李云峰. 认知能力对居民家庭消费的影响——基于CFPS 数据的实证分析 ［J］. 江西社会科学，2020，40（4）：74-85.

［130］崔颖. 人力资本对家庭资产选择行为的影响研究 ［D］. 北京：中央财经大学，2019.

［131］戴斌，张杨. 旅游消费论 ［M］. 北京：商务印书馆，2021.

［132］邓新明. 中国情景下消费者的伦理购买意向研究——基于 TPB 视角［J］. 南开管理评论，2012，15（3）：22-32.

［133］丁敏. 人格特质与旅游消费需求的相关分析［J］. 市场周刊（研究版），2005（12）：37-38.

［134］董译升，甘尔丹. 人力资本集聚对城乡居民消费升级的区域异质性影响［J］. 商业经济研究，2021（1）：49-52.

［135］杜炜. 旅游消费行为学［M］. 天津：南开大学出版社，2009.

［136］杜育红，孙志军. 中国欠发达地区的教育、收入与劳动力市场经历——基于内蒙古赤峰市城镇地区的研究［J］. 管理世界，2003（9）：68-75+88.

［137］杜育红. 人力资本理论：演变过程与未来发展［J］. 北京大学教育评论，2020，18（1）：90-100+191.

［138］范松. 基于计划行为理论的长沙市民休闲旅游行为意向影响机理研究［J］. 企业家天地（理论版），2011（5）：111-112.

［139］顾江，刘柏阳. 人力资本积累、家庭人口结构与文化消费升级［J］. 江海学刊，2022，339（3）：75-81.

［140］郭亚军. 旅游者决策行为研究［D］. 西安：西北大学，2010.

［141］韩峰，阳立高. 生产性服务业集聚如何影响制造业结构升级？——一个集聚经济与熊彼特内生增长理论的综合框架［J］. 管理世界，2020，36（2）：72-94+219.

［142］韩雷，谷阳. 社会资本、信贷约束与居民消费升级——基于 CFPS 家户数据的经验分析［J］. 消费经济，2019，35（4）：14-26.

［143］侯蕾，杨欣桐，李奇. 中国城镇家庭的遗产动机：基于微观家庭金融数据的估计［J］. 世界经济，2021，44（5）：79-104.

［144］呼玲妍，刘人怀，文彤，等. 红色旅游游客混合情感对旅游意愿的影响研究——以大学生为例［J］. 旅游学刊，2022，37（7）：27-37.

［145］胡华，宋保平，马耀峰. 基于旅游者个性差异的旅游购物感知风险研究［J］. 统计与决策，2009（14）：60-62.

［146］胡迎春，李洪娜. 高学历人群旅游消费偏好研究——以鞍山地区为例［J］. 江苏商论，2011（2）：102-104+113.

［147］黄国英，谢宇. 认知能力与非认知能力对青年劳动收入回报的影响［J］. 中国青年研究，2017（2）：56-64+97.

［148］黄梦琪，金钟范．女性受教育程度如何影响家庭消费——来自 CHFS 的经验证据［J］．山西财经大学学报，2022，44（2）：47-62.

［149］黄雪丽，路正南，Yasong（Alex）WANG．基于 TPB 和 VBN 的低碳旅游生活行为影响因素研究模型构建初探［J］．科技管理研究，2013，33（21）：181-190.

［150］姬一帆，安琪，许颖，何泽军．认知能力对农村居民消费的影响分析［J］．河南农业大学学报，2021，55（5）：968-976.

［151］加里·S. 贝克尔．偏好的经济分析［M］．李杰，王晓刚，译．上海：上海人民出版社，2015.

［152］姜国华．中国家庭旅游消费影响因素研究［J］．广西社会科学，2017（5）：75-79.

［153］焦斌龙，焦志明．中国人力资本存量估算：1978-2007［J］．经济学家，2010（9）：27-33.

［154］敬嵩，雷良海．人力资本测度方法及其发展方向［J］．统计与决策，2006（12）：16-18.

［155］乐君杰，胡博文．非认知能力对劳动者工资收入的影响［J］．中国人口科学，2017，181（4）：66-76+127.

［156］李海峥，梁赟玲，Barbara Fraumeni，等．中国人力资本测度与指数构建［J］．经济研究，2010，45（8）：42-54.

［157］李红霞．创新型人力资本及其管理激励［J］．西南交通大学学报（社会科学版），2002（3）：48-51.

［158］李华敏．基于顾客价值理论的旅游地选择意向形成机制研究［J］．地理研究，2010，29（7）：1335-1344.

［159］李华敏．乡村旅游行为意向形成机制研究［D］．杭州：浙江大学，2007.

［160］李进军，孙月．家庭旅游消费的收入效应研究——基于 CFPS 数据［J］．商业经济研究，2020（8）：73-76.

［161］李婧，谭清美，白俊红．中国区域创新生产的空间计量分析——基于静态与动态空间面板模型的实证研究［J］．管理世界，2010（7）：43-55+65.

［162］李军，黄园，谢维怡．教育对我国城镇居民消费结构的影响研究［J］．消费经济，2015，31（1）：56-59.

［163］李秋成，周玲强．社会资本对旅游者环境友好行为意愿的影响［J］.

旅游学刊，2014，29（9）：73-82.

[164] 李涛，张文韬. 人格特征与股票投资 [J]. 经济研究，2015，50（6）：103-116.

[165] 李晓曼，杨婧，涂文嘉. 非认知能力对中低技能劳动者就业质量的影响与政策启示 [J]. 劳动经济评论，2019a，12（1）：133-148.

[166] 李晓曼，于佳欣，代俊廷，等. 生命周期视角下新人力资本理论的最新进展：测量、形成及作用 [J]. 劳动经济研究，2019b，7（6）：110-131.

[167] 李晓曼，曾湘泉. 新人力资本理论——基于能力的人力资本理论研究动态 [J]. 经济学动态，2012（11）：120-126.

[168] 李志兰. 人口特征与互联网文化消费决策：基于两部分模型 [J]. 消费经济，2019，35（2）：43-50.

[169] 李忠民. 人力资本：一个理论框架及其对中国一些问题的解释 [M]. 北京：经济科学出版社，1999.

[170] 林南枝，陶汉军. 旅游经济学 [M]. 天津：南开大学出版社，1994.

[171] 刘春济，高静. 基于计划行为理论的社区居民参与生态旅游发展的行为意向研究——以崇明岛为例 [J]. 北京第二外国语学院学报，2012，34（7）：56-64.

[172] 刘佳，张洪香. 中国沿海地区旅游消费潜力测度与评价 [J]. 地理与地理信息科学，2018，34（2）：94-100.

[173] 刘文. 亚当·斯密的人力资本思想及其启示 [J]. 金融教学与研究，2008，117（1）：39-41+55.

[174] 刘子兰，刘辉，袁礼. 人力资本与家庭消费——基于 CFPS 数据的实证分析 [J]. 山西财经大学学报，2018，40（4）：17-35.

[175] 陆惠君. 人口老龄化与人力资本提升对居民消费升级的对冲效应 [J]. 商业经济研究，2021（21）：44-48.

[176] 陆铭. 劳动经济学 [M]. 上海：复旦大学出版社，2002.

[177] 罗连化，周先波. 超时工作会挤出居民家庭消费吗？——基于 CFPS 数据的经验证据 [J]. 中山大学学报（社会科学版），2022，62（3）：167-180.

[178] 罗明义. 旅游经济学 [M]. 天津：南开大学出版社，1998.

[179] 罗蓉，彭楚慧，李勇辉. 互联网使用会促进家庭旅游消费吗？——基于"两阶段消费者意愿—行为转换理论"的分析 [J]. 消费经济，2020，36（5）：57-67.

[180] 罗双成，陈卫民，江鑫．非认知能力与个人创业选择：理论与经验证据［J］．劳动经济研究，2020，8（2）：101-119.

[181] 马克斯·韦伯．经济与社会：上卷［M］．林荣远，译．北京：商务印书馆，2004.

[182] 毛中根，孙豪．中国居民文化消费增长阶段性分析——兼论文化消费"国际经验"的不适用［J］．财经科学，2016，334（1）：111-120.

[183] 孟猛，朱庆华．移动社交媒体用户持续使用行为研究［J］．现代情报，2018，38（1）：5-18.

[184] 穆红梅，郑开焰．大学生旅游消费行为实证研究［J］．经济问题，2018（4）：123-128.

[185] 彭聃龄．普通心理学（修订版）［M］．北京：北京师范大学出版社，2010.

[186] 齐奥尔格·西美尔．时尚的哲学［M］．费勇，吴蕣，译．北京：文化艺术出版社，2001.

[187] 邱扶东．旅游心理学［M］．上海：立信会计出版社，2003.

[188] 邱宏亮．基于 TPB 拓展模型的出境游客文明旅游行为意向影响机制研究［J］．旅游学刊，2017，32（6）：75-85.

[189] 曲兆鹏，赵忠．老龄化对我国农村消费和收入不平等的影响［J］．经济研究，2008，43（12）：85-99+149.

[190] 尚昀，臧旭恒．家庭资产、人力资本与城镇居民消费行为［J］．东岳论丛，2016，37（4）：30-41.

[191] 宋慧林，吕兴洋，蒋依依．人口特征对居民出境旅游目的地选择的影响——一个基于 TPB 模型的实证分析［J］．旅游学刊，2016，31（2）：33-43.

[192] 孙志军，杜育红．农村居民的教育水平及其对收入的影响——来自内蒙古赤峰市的证据［J］．教育与经济，2004（1）：24-29.

[193] 索尔斯坦·邦德·凡勃伦．有闲阶级论［M］．李风华，译．北京：中国人民大学出版社，2017.

[194] 田红彦．基于计划行为理论的杭州居民乡村旅游行为意向影响因素研究［D］．杭州：浙江理工大学，2016.

[195] 田思琪．家庭人口结构对中国居民消费的影响研究［D］．太原：山西财经大学，2022.

[196] 王春超，张承莎．非认知能力与工资性收入［J］．世界经济，2019，

42（3）：143-167.

［197］王春杨，兰宗敏，张超，等．高铁建设、人力资本迁移与区域创新［J］．中国工业经济，2020，393（12）：102-120.

［198］王灵恩，成升魁．基于旅游"六要素"分析的拉萨市旅游消费实证研究［J］．消费经济，2013（6）：27-30.

［199］王曼，白玉苓，王智勇．消费者行为学［M］．北京：机械工业出版社，2007.

［200］王明康，刘彦平．收入及其不确定性对城镇居民旅游消费的影响研究——基于CFPS数据的实证检验［J］．旅游学刊，2021，36（11）：106-121.

［201］王冉．家庭文化资本、文化消费与居民旅游消费［J］．统计与决策，2022，38（6）：90-94.

［202］吴红梅．雅各布·明瑟劳动经济学思想评述——潜在诺贝尔经济学奖得主学术贡献评介系列［J］．经济学动态，2001（4）：69-73.

［203］吴卿昊，邓宗兵．公共产品供给对农村居民消费的影响研究——基于人力资本视角［J］．西南大学学报（自然科学版），2015，37（6）：99-105.

［204］吴震棚，韩文秀．人力资本概念的扩展［J］．天津大学学报（社会科学版），2004（2）：172-174.

［205］西奥多·W.舒尔茨．论人力资本投资［M］．吴珠华，译．北京：北京经济学院出版社，1990.

［206］肖忠意，陈志英，李思明．亲子利他性与中国农村家庭资产选择［J］．云南财经大学学报，2016，32（3）：3-10.

［207］肖作平，廖理，张欣哲．生命周期、人力资本与家庭房产投资消费的关系——来自全国调查数据的经验证据［J］．中国工业经济，2011（11）：26-36.

［208］谢彦君．基础旅游学（第三版）［M］．北京：中国旅游出版社，2011.

［209］徐飞雄，吴潇，王金凤．计划行为理论视角下养老旅游行为意向影响因素研究——基于对长沙市银龄居民的调查［J］．湘南学院学报，2019，40（3）：23-29.

［210］徐沁．游客出境游决策行为及其影响因素实证研究［D］．扬州：扬州大学，2007.

［211］徐全忠，刘娇荣．人力资本存量对居民消费行为的影响研究［J］．内蒙古财经大学学报，2021，19（3）：89-93.

［212］徐紫嫣．国内旅游消费与人力资本相关性研究——基于 GRA 与 VAR 模型的实证分析［J］．价格理论与实践，2022，456（6）：177-181.

［213］徐紫嫣．人力资本积累与服务业劳动生产率关系探究——基于服务消费与技术创新的双重视角［J］．改革，2023，348（2）：105-117.

［214］许晓红．试论人力资本投资对居民消费率的影响［J］．龙岩师专学报，2004（2）：8-9+12.

［215］许鑫凤，王骏，王洛忠．非认知能力发展与学生表现的性别差异［J］．开放教育研究，2022，28（3）：111-120.

［216］亚当·斯密．国富论［M］．唐日松，等译．北京：华夏出版社，2012.

［217］亚当·斯密．国民财富的性质和原因的研究［M］．郭大力，王亚南，译．北京：商务印书馆，1974.

［218］杨帆，赵越，岳圣元．金融发展、财政教育支出与人力资本积累——基于我国"政府—市场"二元作用的思考［J］．金融理论与实践，2021（8）：20-30.

［219］杨晶，黄云．人力资本、社会资本对农户消费不平等的影响［J］．华南农业大学学报（社会科学版），2019，18（4）：111-126.

［220］杨晶，王君萍，王张明．农村居民旅游消费意愿的影响因素研究——基于西部 6 省的微观数据［J］．干旱区资源与环境，2017，31（10）：196-202.

［221］杨萍．基于 TPB 修正模型的中国游客境外旅游购物消费行为研究［D］．昆明：云南财经大学，2017.

［222］杨小忠，罗乐．城市人力资本空间分层：异质性公共服务视角［J］．当代财经，2021（2）：3-14.

［223］姚艳虹，罗焱．旅游者目的地选择的 TPB 模型与分析［J］．旅游科学，2006（5）：20-25.

［224］尹世杰．21 世纪的经济学——研究社会经济文化一体化、以人的发展为中心的科学［J］．经济评论，1996（6）：2-8.

［225］尹世杰．文化教育是第一消费力［J］．消费经济，1992（Z1）：13-19+27.

［226］尹世杰．消费力经济学［M］．成都：西南财经大学出版社，2010.

［227］尹世杰．消费文化学［M］．武汉：湖北人民出版社，2002.

［228］余凤龙，侯兵，张爱平．转型时期苏南地区农村家庭旅游消费特征及影响因素研究［J］．旅游科学，2019，33（3）：81-95.

［229］余志远．成己之路：背包旅游者旅游体验研究［D］．大连：东北财经大学，2012.

［230］俞荣建．人力资本概念的重新界定及其含义［J］．人才开发，2005（10）：11-13.

［231］岳昌君．教育对个人收入差异的影响［J］．经济学（季刊），2004（S1）：135-150.

［232］曾艺，韩峰，刘俊峰．生产性服务业集聚提升城市经济增长质量了吗？［J］．数量经济技术经济研究，2019，36（5）：83-100.

［233］詹姆斯·J．赫克曼．美国的不平等：人力资本政策的角色［M］．北京：中国人民大学出版社，2020.

［234］张超，颜建晔，康健．读万卷书，行万里路——学历水平对旅游消费的影响［J］．技术经济，2020，39（8）：114-118.

［235］张传勇，王丰龙．住房财富与旅游消费——兼论高房价背景下提升新兴消费可行吗［J］．财贸经济，2017，38（3）：83-98.

［236］张涵，康飞．基于bootstrap的多重中介效应分析方法［J］．统计与决策，2016（5）：75-78.

［237］张红岩．詹克斯赫克曼人力资本投资理论述评——非认知理论在劳动市场的作用［J］．财会通讯，2010，506（30）：73-75.

［238］张京鹏．旅游心理学［M］．北京：科学出版社，2005.

［239］张来明．中等收入国家成长为高收入国家的基本做法与思考［J］．管理世界，2021，37（2）：1-11+262.

［240］张树夫．旅游消费行为［M］．北京：中国林业出版社，2004.

［241］张务伟，张可成．农民工城市买房行为选择研究［J］．经济经纬，2017，34（3）：25-30.

［242］张学敏，陈星．教育：为何与消费疏离［J］．教育研究，2016，37（5）：48-54.

［243］张学敏，何酉宁．受教育程度对居民消费影响研究［J］．教育与经济，2006（3）：1-5.

［244］张圆刚，余向洋，程静静．基于TPB和TSR模型构建的乡村旅游者行为意向研究［J］．地理研究，2017，36（9）：1725-1741.

［245］赵建华．师范院校在校大学生旅游行为特征研究［D］．太原：山西师范大学，2013.

［246］中共中央马克思恩格斯列宁斯大林著作编译局．马克思恩格斯全集：第46卷（上册）［M］．北京：人民出版社，1979．

［247］中共中央马克思恩格斯列宁斯大林著作编译局．马克思恩格斯全集：第46卷（下册）［M］．北京：人民出版社，1980．

［248］中共中央马克思恩格斯列宁斯大林著作编译局．马克思恩格斯选集：第2卷［M］．北京：人民出版社，1972．

［249］周芳如，吴晋峰，吴潘，等．旅游者感知距离的影响因素分析［J］．浙江大学学报（理学版），2016，43（5）：616-624．

［250］周广肃，樊纲，申广军．收入差距、社会资本与健康水平——基于中国家庭追踪调查（CFPS）的实证分析［J］．管理世界，2014，250（7）：12-21+51+187．

［251］周弘．家庭金融视角下人力资本与家庭消费关系的实证研究——来自CFPS的调查［J］．经济经纬，2011，145（6）：16-20．

［252］周金燕．人力资本内涵的扩展：非认知能力的经济价值和投资［J］．北京大学教育评论，2015，13（1）：78-95+189-190．

［253］周世军，李清瑶，崔立志．父母学历与子女教育——基于CGSS微观数据的实证考察［J］．教育与经济，2018（3）：46-53+74．

［254］周笋芳，卞显红．中国城乡居民收入对旅游消费的影响［J］．商业研究，2014，451（11）：47-54．

［255］周燕芳，刘小瑜．家庭受教育水平与收入不平等关系研究——基于CFPS2016数据分析［J］．江西社会科学，2020，40（3）：85-95．

［256］周业安，程栩，赵文哲，李涛．地方政府的教育和科技支出竞争促进了创新吗？——基于省级面板数据的经验研究［J］．中国人民大学学报，2012，26（4）：53-62．

［257］资树荣．教育对文化消费的影响研究：以音乐消费为例［J］．消费经济，2018，34（6）：17-23．

［258］资树荣．消费者的文化资本研究［J］．湘潭大学学报（哲学社会科学版），2014，38（4）：38-41+63．

［259］邹薇，马占利．家庭背景、代际传递与教育不平等［J］．中国工业经济，2019（2）：80-98．

附　录

人力资本对旅游消费行为影响调查

尊敬的先生/女士：

您好，感谢您在百忙之中抽出时间填写问卷！

本问卷旨在了解人力资本对旅游消费行为影响。调查对象为旅游消费者。所有题目没有对错之分，请根据您的实际选择最合适的选项。本人承诺本问卷完全采用匿名调查的形式，采集到的数据仅用于学术研究，不会为任何商业用途使用，请您放心作答。再次感谢您的配合！

第一部分　请在符合您个人信息的方框中打"√"

1. 您的性别：

☐男　　　　　☐女

2. 您的受教育程度：

☐高中/中专　　☐大专　　　　☐本科　　　　☐研究生及以上

3. 您的月平均可支配收入：

☐3000 元以下　☐3001～5000 元　☐5001～8000 元　☐8001～10000 元

☐10000 元以上

4. 您的年龄：

☐25 岁以下　　☐26～35 岁　　☐36～45 岁　　☐45 岁以上

5. 您的婚姻状况：

☐未婚　　　　☐已婚　　　　☐离异　　　　☐丧偶

第二部分（非认知能力）

请根据您的实际认知情况在相应的选项中打"√"，本问卷依据李克特 5 点量表法填写，其中 5 代表非常同意、4 代表同意、3 代表不确定、2 代表不同意、1 代表非常不同意。

非认知能力（Rammstedt and John，2007）	1	2	3	4	5
Extraversion 外向性					
1 我是很内向矜持的（R）					
2 我很外向，善于交际					
Agreeableness 宜人性					
3 我觉得他人通常是值得信任的					
4 我倾向发现他人错误，有点吹毛求疵（R）					
Conscientiousness 严谨性					
5 我通常很懒惰（R）					
6 我在工作中尽职尽责					
Neuroticism 情绪稳定性					
7 我是放松的，善于应对压力的					
8 我很容易紧张（R）					
Openness 开放性					
9 我没有什么艺术兴趣（R）					
10 我有丰富的想象力					

第三部分（认知能力）

请根据您的实际认知情况在相应的选项中打"√"，本问卷依据李克特 5 点量表法填写，其中 5 代表非常同意、4 代表同意、3 代表不确定、2 代表不同意、1 代表非常不同意。

认知能力（李晓曼，2019a；Cattell，1987）	1	2	3	4	5
晶体智力					
11 我经常读书并掌握了充足的词汇和知识					
12 我能够深刻理解书籍中表达的意思					
13 我能够完成一篇完整的文章撰写					
14 我能够准确地表达自己想要表达的内容					
流体智力					
15 我有较强的顺序推理能力					
16 我有较强的归纳推理能力					
17 我有较强的数字运算能力					
18 我有较强的演绎推理能力					

第四部分（旅游态度）

请根据您的实际认知情况在相应的选项中打"√"，本问卷依据李克特5点量表法填写，其中5代表非常同意、4代表同意、3代表不确定、2代表不同意、1代表非常不同意。

旅游态度（穆红梅和郑开焰，2018；邱宏亮，2017）	1	2	3	4	5
19 旅游是一项积极有意义的活动					
20 我喜欢旅游					
21 旅游是一种有必要的行为					
22 我对旅游及其未来发展持肯定态度					

第五部分（主观规范）

请根据您的实际认知情况在相应的选项中打"√"，本问卷依据李克特5点量表法填写，其中5代表非常同意、4代表同意、3代表不确定、2代表不同意、1代表非常不同意。

主观规范（邱宏亮，2017；黄雪丽等，2013）	1	2	3	4	5
23	我重要的朋友经常外出旅游，朋友的旅游行为对我影响很大					
24	我重要的朋友对我外出旅游表示理解和支持					
25	我的家人经常外出旅游，家人的旅游行为对我影响很大					
26	我的家人对我外出旅游表示理解和支持					

第六部分（知觉行为控制）

请根据您的实际认知情况在相应的选项中打"√"，本问卷依据李克特 5 点量表法填写，其中 5 代表非常同意、4 代表同意、3 代表不确定、2 代表不同意、1 代表非常不同意。

知觉行为控制（田红彦，2016）	1	2	3	4	5
27	我具备充足的进行旅游行为的相关知识和技能					
28	我有较好的身体条件去外出旅游					
29	我有充足的收入用于外出旅游					
30	我有充足的时间用于外出旅游					

第七部分（旅游消费意愿）

请根据您的实际认知情况在相应的选项中打"√"，本问卷依据李克特 5 点量表法填写，其中 5 代表非常同意、4 代表同意、3 代表不确定、2 代表不同意、1 代表非常不同意。

旅游消费意愿（李华敏，2007；Ajzen and Driver，1992）	1	2	3	4	5
31	我会持续关注旅游产品					
32	即使旅游产品价格稍高我还是会进行旅游消费					
33	如果有好的旅游产品我会推荐给他人					
34	我有未来进行旅游的计划					

第八部分（旅游消费行为）

请根据您的实际认知情况在相应的选项中打"√"，本问卷依据李克特5点量表法填写，其中5代表非常同意、4代表同意、3代表不确定、2代表不同意、1代表非常不同意。

旅游消费行为（杨萍，2017；Perugini and Bagozzi, 2001）	1	2	3	4	5
35	外出旅游时，我都会购买我喜欢的商品或服务					
36	每次外出旅游时，我都会购买不少产品带回家					
37	您平均每年的旅游频率为	0次	1次	2次	3次	3次以上
38	您平均每次旅游的消费支出为	500元以内	501~1000元	1001~2000元	2001~5000元	5000元以上

后 记

　　这是我进入上海社会科学院应用经济研究所工作后完成的第一部学术著作。这部著作的出版，是我博士毕业后从事研究工作的一个新起步，更是鞭策我继续全力潜心学术与政策研究工作的重要动能。

　　2020年9月，我进入中国社会科学院大学商学院攻读博士学位。在这三年学习期间，夏杰长、宋瑞、戴学锋、魏翔、姚战琪、刘奕、刘彦平老师给予我很多指导，也多次给了我参与国家自然科学基金、社会科学基金项目和中国社科院重大国情调研课题研究的机会，让我在"干中学"中成长。我要真诚地感谢我尊敬的老师们，你们是我学术生涯的启蒙者和指路人，让我在学术研究的道路上坚定了脚步也少走了弯路。我要特别感谢我的导师夏杰长研究员，重回校园，自己总是缺乏信心，在课程学习之初经常感到吃力，是您一直鼓励着我，让我相信自己能做得更好，并为我的课程学习、论文写作和社会实践提供了很多有价值的意见与指导，尤其是在论文选题和框架设计方面给予许多富有价值的参考意见。正是夏老师和指导小组对我的耐心且专业的指导和对我"笨拙"的包容，以及对论文写作过程中不断"纠偏"，我才得以比较顺利地完成毕业论文和学业。还要谢谢周功梅师姐、毛丽娟师姐、王业娜师姐、王鹏飞师兄、刘维刚师兄、丰晓旭师兄、杜金泽同学和苏燊同学等对我的帮助，你们从不同角度给我启发，你们的所有帮助与支持，我都牢记在心。

　　2023年7月，我进入了上海社会科学院应用经济研究所服务经济研究室工作，开启了自己的新人生。幸运的是，因为之前是在中国社会科学院大学读博士，且较多参与中国社会科学院财经战略研究院的服务经济与旅游管理领域的课题研究，因此很快融入上海社会科学院的研究工作中。上海社会科学院是国内最早成立的社会科学院，久负盛名，学术氛围浓厚，在这样著名的国家高端智库工作，我还是倍感压力，诚惶诚恐，幸好得到干春晖副院长、汤蕴懿副所长、刘亮副所长的耐心指导和全力支持，希望能够通过自己的努力工作来回报领导和同事对我的信任与帮助。

特别感谢亲爱的家人对我学习和成长的无私支持。谢谢我的父母，从读博到工作，你们都无条件地支持着我，是你们对我的信任让我可以坚持做我自己想做的事情。谢谢我的弟弟，也期待你圆梦自己，学业有成。我还想感谢一下坚持到现在的自己，谢谢你一直坚持着"尚拙"精神，没有辜负每一个失眠痛苦的夜晚和每一根离我而去的头发。最后，我要特别感谢经济管理出版社的支持。

我深知，在研究机构工作，出版著作和发表论文已经成为研究人员不可或缺的工作任务，但更重要的是要做有价值的学术和政策指引的研究。按照这个要求，我还要奋起直追，这部著作的出版，只是我学术与政策研究的一个起步，未来的路还很长，我要继续努力，潜心研究，为单位的学术与智库工作添砖加瓦。这部书稿面世了，但由于本人能力有限，部分数据获取也有较多局限，有些本应该深入开展研究的问题，没有很好地展现出来，实为遗憾，期待在未来的研究中不断挖掘这个主题，取得新的研究成果，也恳请读者和同行对本书的不足或纰漏予以指正。

徐紫嫣

2025 年 1 月 18 日